Gestão de tributos

PUBLICAÇÕES
FGV Management

CONTABILIDADE E AUDITORIA

Gestão de tributos

Rodolfo de Castro Sousa Filho
Paulo Sérgio Machado

FGV | EDITORA IDE

Direitos desta edição reservados à
EDITORA FGV
Rua Jornalista Orlando Dantas, 37
22231-010 – Rio de Janeiro, RJ – Brasil
Tels.: 0800-021-7777 – 21-3799-4427
Fax: 21-3799-4430
editora@fgv.br – pedidoseditora@fgv.br
www.fgv.br/editora

Impresso no Brasil / *Printed in Brazil*

1ª edição – 2017; 1ª reimpressão – 2019.

PREPARAÇÃO DE ORIGINAIS: Sandra Frank
REVISÃO: Aleidis de Beltran
CAPA: aspecto:design
IMAGEM DA CAPA: antishock | 123rf.com
PROJETO GRÁFICO DE MIOLO: Ilustrarte
EDITORAÇÃO: Abreu's System

Ficha catalográfica elaborada pela Biblioteca Mario Henrique Simonsen/FGV

Sousa Filho, Rodolfo de Castro
Gestão de tributos / Rodolfo de Castro Sousa Filho, Paulo Sérgio Machado. Rio de Janeiro: FGV Editora, 2017.
144 p. – (Contabilidade e auditoria (FGV Management))

Publicações FGV Management.
Inclui bibliografia.
ISBN: 978-85-225-1987-3

1. Administração tributária. 2. Empresas – Impostos. 3. Política tributária. I. Machado, Paulo Sérgio. II. Fundação Getulio Vargas. III. FGV Management. IV. Série.

CDD – 336.2

Aos nossos alunos e aos nossos colegas docentes, que nos levam a pensar e repensar nossas práticas.

Sumário

Apresentação

Este livro compõe as Publicações FGV Management, programa de educação continuada da Fundação Getulio Vargas (FGV).

A FGV é uma instituição de direito privado, com mais de meio século de existência, gerando conhecimento por meio da pesquisa, transmitindo informações e formando habilidades por meio da educação, prestando assistência técnica às organizações e contribuindo para um Brasil sustentável e competitivo no cenário internacional.

A estrutura acadêmica da FGV é composta por nove escolas e institutos, a saber: Escola Brasileira de Administração Pública e de Empresas (Ebape), dirigida pelo professor Flavio Carvalho de Vasconcelos; Escola de Administração de Empresas de São Paulo (Eaesp), dirigida pelo professor Luiz Artur Ledur Brito; Escola de Pós-Graduação em Economia (EPGE), dirigida pelo professor Rubens Penha Cysne; Centro de Pesquisa e Documentação de História Contemporânea do Brasil (Cpdoc), dirigido pelo professor Celso Castro; Escola de Direito de São Paulo (Direito GV), dirigida pelo professor Oscar Vilhena Vieira; Escola de Direito do Rio de Janeiro (Direito Rio), dirigida pelo professor Sérgio Guerra; Escola de Economia de São Paulo (Eesp), dirigida pelo professor Yoshiaki Nakano; Instituto Brasileiro de Economia (Ibre), dirigido pelo professor Luiz Guilherme Schymura de Oliveira; e Escola de Matemática Aplicada (Emap), dirigida pela professora Maria Izabel Tavares Gramacho. São diversas unidades com a marca FGV, trabalhando com a mesma filosofia: gerar e disseminar o conhecimento pelo país.

Dentro de suas áreas específicas de conhecimento, cada escola é responsável pela criação e elaboração dos cursos oferecidos pelo Instituto de Desenvolvimento Educacional (IDE), criado em 2003, com o objetivo de coordenar e gerenciar uma rede de distribuição única para os produtos e serviços educacionais produzidos pela FGV, por meio de suas escolas. Dirigido pelo professor Rubens Mario Alberto Wachholz, o IDE conta com a Direção de Gestão Acadêmica (DGA), pelo professor Gerson Lachtermacher, com a Direção da Rede Management pelo professor Silvio Roberto Badenes de Gouvea, com a Direção dos Cursos Corporativos pelo professor Luiz Ernesto Migliora, com a Direção dos Núcleos MGM Brasília, Rio de Janeiro e São Paulo pelo professor Paulo Mattos de Lemos, com a Direção das Soluções Educacionais pela professora Mary Kimiko Magalhães Guimarães Murashima. O IDE engloba o programa FGV Management e sua rede conveniada, distribuída em todo o país e, por meio de seus programas, desenvolve soluções em educação presencial e a distância e em treinamento corporativo customizado, prestando apoio efetivo à rede FGV, de acordo com os padrões de excelência da instituição.

Este livro representa mais um esforço da FGV em socializar seu aprendizado e suas conquistas. Ele é escrito por professores do FGV Management, profissionais de reconhecida competência acadêmica e prática, o que torna possível atender às demandas do mercado, tendo como suporte sólida fundamentação teórica.

A FGV espera, com mais essa iniciativa, oferecer a estudantes, gestores, técnicos e a todos aqueles que têm internalizado o conceito de educação continuada, tão relevante na era do conhecimento na qual se vive, insumos que, agregados às suas práticas, possam contribuir para sua especialização, atualização e aperfeiçoamento.

Rubens Mario Alberto Wachholz
Diretor do Instituto de Desenvolvimento Educacional

Sylvia Constant Vergara
Coordenadora das Publicações FGV Management

Introdução

Elaboramos o presente livro com o objetivo de apresentar ao leitor o relevante tema gestão e planejamento de tributos, oferecendo-lhe subsídios para aprimorar práticas de gestão empresarial e financeira. Não pretendemos esgotar o assunto, mesmo porque este é inesgotável; renova-se a cada alteração legislativa, a cada mudança de interpretação das leis.

Temos com objetivo oferecer ao leitor um material que reúne teoria e prática para a compreensão da chamada questão fiscal empresarial. Estruturamos o livro em três capítulos, frutos de discussão e trabalho conjunto dos autores. Com o primeiro capítulo, objetivamos apresentar a forma de funcionamento do sistema tributário nacional e suas principais figuras. Começamos por ressaltar a importância do planejamento fiscal. Delineamos o quadro da tributação brasileira com suas cinco espécies tributárias (impostos, taxas, contribuições de melhoria, contribuições parafiscais e empréstimos compulsórios). Analisamos princípios e regras de direito incidentes e as principais figuras da tributação. Finalmente, ainda nessa primeira etapa do trabalho, buscamos indicar como o profissional trabalha com o ferramental jurídico em busca de economia fiscal, especialmente referindo-se às lacunas da lei e à interpretação em favor do contribuinte. *Contudo, essa interpretação favorável não significa abuso de forma jurídica, mas, tão somente, procurar a melhor alternativa entre aquelas possíveis, aderindo à norma legal.*

No segundo capítulo, enfatizamos o estudo da tributação superveniente sobre o resultado da empresa, ou seja, os tributos incidentes sobre o lucro – o IRPJ e a CSLL em suas diferentes formas de incidência: lucro real, lucro presumido, lucro arbitrado e o sistema simples. Abordamos o tratamento fiscal dos ganhos de participações societárias e os juros sobre capital próprio.

No terceiro capítulo, expomos os principais aspectos da tributação diretamente vinculada às operações da empresa. Portanto, para os tributos que compõem o valor final do produto ou do serviço posto no mercado, em especial no campo dos impostos, destacamos o IPI, o ICMS e o ISSQN, e, quanto às contribuições, focamos o PIS e a Cofins. Aspectos materiais e temporais, forma de incidência, contribuintes e responsáveis estão no centro dessa análise, bem como a determinação do preço de venda, considerando a incidência dos tributos indiretos.

Este é o teor do presente livro, para cuja leitura convidamos todos os interessados.

1 Visão geral e importância do sistema tributário nacional e do planejamento fiscal

Tratar da gestão de tributos requer entendimento das regras gerais de tributação, tendo em vista que o tributo é a principal fonte de financiamento do Estado, de forma a possibilitar o cumprimento de seus objetivos políticos, sociais e econômicos. Contudo, essas regras não são absolutas. Elas têm limites, contornos dados pelas limitações do poder de tributar, de forma a evitar abusos no exercício do poder do Estado. Assim, neste capítulo, abordaremos as competências tributárias outorgadas pelas Constituição à União, aos estados, municípios e ao Distrito Federal; os princípios constitucionais e as imunidades, como garantias dos direitos dos cidadãos. Abordaremos também os conceitos de prescrição e decadência; lançamento do crédito tributário e suas modalidades; as transferências entre os entes federativos e os conceitos de elisão, evasão e elusão, estes últimos marcos delimitadores da conduta do contribuinte, de forma a verificar sua legitimidade, em seu objetivo de redução da carga tributária.

A essência do tributo

Quando o homem deixou de ser nômade e passou a viver em grupo, percebeu que não seria mais possível realizar todas as atividades individualmente. Assim, seria necessário que houvesse a colaboração de outros membros do grupo em benefício da coletividade. Contudo, para que tal evento se realizasse, era necessária a contribuição daqueles que a ele aderissem, surgindo daí a ideia embrionária do tributo. Vivemos tempos de compartilhamento. Nesse sentido, a realização de um evento de confraternização, de interesse do grupo, como uma festa, uma reunião social, um churrasco, possibilita maior interatividade de seus membros. A forma e o momento de sua realização serão definidos pelo grupo. Em suma, estamos diante de um sistema tributário bem elementar, um evento de interesse da coletividade. Algumas regras devem ser discutidas com o grupo, tais como: todos que vão participar devem colaborar financeiramente? E o valor será igual para todos? No primeiro caso, teremos situações de não incidências? Ou todos devem colaborar para financiar a atividade de interesse dessa coletividade? Esta é a essência do tributo: a contribuição de todos, ou quase todos, em benefício da coletividade. Outra questão a ser definida refere-se ao valor da contribuição de cada participante. Deve ser igual para todos, tendo por pressuposto que todos dispõem de capacidade contributiva? Como já estão juntos há algum tempo, o evento contará com bebidas alcoólicas (*whisky* de boa qualidade e vinhos raros), além de iguarias? Nesse ponto, é bem provável que haja dissensão no grupo. Alguns colegas questionarão que não consomem bebidas alcoólicas e, portanto, não devem financiar aqueles que apreciam um bom *whisky* ou vinho. Estamos discutindo princípios desse nosso sistema tributário bem elementar. A questão de ordem não trata de capacidade contributiva, pois a renda que cada um dos membros desse grupo aufere não tem muita discrepância. A questão central aqui é de outra natureza: justiça fiscal ou isonomia. Isonomia não é tratar todos da mesma forma, mas oferecer um tratamento diferenciado àqueles que se encontram em situação especial. Face a esse princípio, não seria justo que os colegas que não consumam bebidas alcoólicas financiem os apreciadores de vinhos nobres ou *whisky*.

A discussão em torno da justiça fiscal tem por objeto direcionar nosso "sistema tributário" para a neutralidade ao considerar características individuais dos participantes do evento (festa). No cenário das nações, isso não é diferente. Com relação àquelas nações que já alcançaram um grau educacional elevado e participação política ampla e engajada, o sistema tributário leva em conta a capacidade contributiva e justiça fiscal. Nessas nações, a tributação sobre a renda e o patrimônio ganha destaque na arrecadação de tributos. Quanto maior a renda, maior a contribuição dos contribuintes nessa situação, enquanto para as camadas sociais menos favorecidas, há tratamento diferenciado. Contudo, naquelas nações de baixos níveis de escolaridade e participação política, a tributação recai sobre os tributos indiretos. Por exemplo, no Brasil, em uma garrafa de água mineral, observa-se a incidência do PIS, Cofins e ICMS. Se a água mineral for gasosa, haverá também a incidência do IPI. Como o preço da água mineral é dado pelo mercado, esses impostos indiretos pesarão proporcionalmente mais nas faixas menores de renda. Em última análise, os níveis mais baixos de renda têm uma carga tributária proporcionalmente maior. Essa é a regressividade do sistema: quem tem menor capacidade contributiva acaba pagando proporcionalmente mais quando o tributo é indireto.

O tributo direto tem o ônus suportado por quem tem uma relação direta com a situação descrita em lei que faz surgir a obrigação tributária (fato gerador). Assim, quando uma empresa apura lucro tributável, o imposto de renda incidente sobre o lucro é encargo da própria empresa. Tributos diretos incidem sobre patrimônio e renda. Já o tributo indireto tem o ônus repassado a um terceiro que não tem relação direta com o fato gerador. Nesse sentido, quando uma indústria promove a saída de um produto tributado, há incidência de tributos indiretos, tais como IPI, ICMS, PIS e

Cofins. Esses tributos são repassados via preços para o consumidor final. A indústria é o contribuinte de direito porque deve destacar os tributos na emissão da nota fiscal de saída, enquanto o consumidor é o contribuinte de fato, pois é ele que assume todo o ônus financeiro dos tributos indiretos. Tributos indiretos incidem sobre produção, circulação e consumo.

Tributo é o recurso que possibilita ao Estado cumprir suas funções sociais, políticas e econômicas. No cenário das nações, as bases impositivas são: comércio exterior, consumo, patrimônio e renda. De forma geral, no estágio inicial de desenvolvimento de uma nação, é comum ela possuir mercado interno inexpressivo, com baixo nível de renda. Nesse contexto, o comércio exterior passa a ser a principal parte de receita tributária. À medida que o mercado interno se desenvolve, aumentando o nível de consumo, já é possível observar aumento gradativo da tributação na forma de impostos indiretos incidentes sobre o consumo. Somente em estágios posteriores de desenvolvimento, o país apresenta renda suficiente que permita a tributação sem comprometer níveis de consumo e poupança interna. Além disso, é importante notar que a tributação da renda e do patrimônio exige um custo maior e mais controle por parte do governo, implicando uma administração bem estruturada, característica só encontrada em países com maior grau de desenvolvimento econômico.

Sistema tributário nacional (STN)

Uma sociedade, para ser soberana, necessita se organizar e procurar atingir certos objetivos ou, pelo menos, buscar essa meta perenemente, de forma a justificar a existência de um Estado.

A Constituição Federal determina, em seu art. 3º, quais são os objetivos fundamentais da República Federativa do Brasil.

> Art. 3º. Constituem objetivos fundamentais da República Federativa do Brasil:
> I – construir uma sociedade livre, justa e solidária;
> II – garantir o desenvolvimento nacional;
> III – erradicar a pobreza e a marginalização e reduzir as desigualdades sociais e regionais;
> IV – promover o bem de todos, sem preconceito de raça, sexo, cor, idade e quaisquer outras formas de discriminação.

Para realizar as ações inerentes ao Estado, tais como defesa do território nacional, acesso de todos à Justiça (Poder Judiciário), saúde, habitação, educação, saneamento básico, segurança pública etc., o Estado necessita de recursos financeiros.

A obtenção de recursos financeiros pelo Estado é realizada por meio de sua atividade financeira, a qual se desenvolve em três áreas: (a) arrecadar recursos para aplicar em dispêndios exigidos para seu funcionamento, além de acesso a (b) instrumentos de crédito; aliada a essas atividades financeiras básicas é fundamental a (c) atividade de gestão que resulta na administração dos recursos obtidos e de todo patrimônio público. Em outras palavras: adequar receitas e despesas, por intermédio de mecanismos de planejamento orçamentário.

Das atividades financeiras exercidas pelo Estado, selecionamos, como objeto de nosso estudo, a receita, particularmente a receita tributária.

Impostos e competências do STN

Competência tributária é a capacidade que têm a União, os estados, o Distrito Federal e os municípios, outorgada pela Constituição Federal, de instituírem seus respectivos tributos.

Ao atribuir as competências tributárias, a Constituição definiu quais os fatos jurídicos que caberiam a cada entidade tributante. A essa atribuição dá-se a designação de discriminação constitucional de rendas.

O quadro 1 indica os impostos de competência da União, citando os fatos geradores, bases de cálculo e os respectivos contribuintes.

Quadro 1

Resumo da competência privativa – impostos da União

Sigla	Fato gerador	Base de cálculo	Contribuinte
II	Entrada no território nacional.	A unidade de medida adotada pela lei ou o valor do produto.	O importador ou quem a lei a ele equiparar.
IE	Saída do território nacional.	A unidade de medida adotada pela lei ou o valor do produto.	O exportador ou quem a lei a ele equiparar.
IR	Aquisição da disponibilidade jurídica ou econômica de renda e proventos de qualquer natureza.	O montante real, arbitrado ou presumido das rendas e proventos.	O titular da aquisição da disponibilidade econômica ou jurídica de renda e proventos.
IPI	Saída do produto de estabelecimento industrial ou equiparado.	Valor da operação de que decorra a saída do produto, ou, no caso de importação, o preço normal + II + encargos cambais.	O industrial, o comerciante equiparado a industrial, o importador ou quem a lei a ele equiparar.
IOF Câmbio	Realização das operações de crédito, seguro ou relativas a títulos ou valores mobiliários.	Valor da operação.	Qualquer das partes envolvidas.
ITR	Propriedade, domínio útil ou posse sobre imóvel rural por natureza.	Valor fundiário da propriedade.	O proprietário, o possuidor ou o enfiteuta.
IGF*	Depende de lei complementar.	Depende de lei complementar.	Depende de lei complementar.

Fonte: CF/1988, art. 153; CTN arts. 19, 23, 43, 46 e 63.
* IGF: imposto sobre grandes fortunas.

Antes de discorrer sobre as competências tributárias dos impostos, vale esclarecer que o tributo pode ter finalidade: de arrecadação, ou seja, caráter fiscal; extrafiscal (tributo que visa corrigir distorções na área econômica ou regular mercados); e parafiscal (que tem por finalidade custear entidades que atuam em segmentos específicos, não alcançados pela atividade típica de Estado).

Na ciência das finanças, o tributo pode ser classificado como progressivo ou regressivo. O tributo progressivo tem relação direta com o crescimento da renda ou do patrimônio do contribuinte. A carga tributária aumenta na medida do crescimento da renda ou do patrimônio. O tributo regressivo onera proporcionalmente mais aqueles com menor nível de renda. Assim, quando um consumidor adquire uma mercadoria há incidência de tributos indiretos sobre o preço dessa mercadoria. Como o preço é dado pelo mercado, independentemente do nível de renda, os tributos indiretos pesam mais sobre aqueles com menores níveis de renda.

O imposto sobre importação (II), como vemos no art. 153, I, da CF/1988 e arts. 19 a 22 do Código Tributário Nacional (CTN), tem como fato gerador a entrada de produtos no território nacional, enquanto o imposto sobre exportação, presente no art. 153, II, da CF/1988 e arts. 23 a 28 do CTN, tem como fato gerador a saída de produtos nacionais ou nacionalizados. A tributação sobre comércio exterior tem como função primordial regular mercados, não se configurando como arrecadatória. Naqueles países que já alcançaram certo grau de desenvolvimento, a arrecadação sobre comércio exterior não tem relevância. No Brasil, representa algo em torno de 2% dos impostos administrados pela Receita Federal.

Quando o governo federal aumenta a alíquota do imposto de importação, seu objetivo não é aumentar a arrecadação, mas proteger a indústria nacional de concorrência desleal de outros países. Quando esse fato é caracterizado como prática contrária às recomendações da Organização Mundial do Comércio (OMC), o país que se sinta prejudicado pode ingressar com pleito junto a essa organização e, caso seja acatado o pleito, poderá ser autorizado até a praticar retaliações contra o país ou bloco econômico que infringiu as normas da OMC.

O imposto de renda (IR) tem função arrecadatória. Seu fato gerador é a aquisição da disponibilidade econômica ou jurídica de renda e proventos de qualquer natureza (CF/1988, art. 153, III, e arts. 43 a 45 do CTN). Contudo, a legislação do IR prevê extrafiscalidades. Nesse contexto, as regiões Norte e Nordeste estão contempladas com benefícios fiscais. Empresas optantes pelo lucro real com estabelecimentos produtivos nessas regiões poderão ter redução do imposto de renda devido, caso tenham projetos aprovados pelas agências regionais de fomento (Sudam e Sudene). As pessoas físicas que estejam impossibilitadas para o trabalho em virtude de doenças graves estão isentas do imposto de renda, além das pessoas físicas que não alcancem um nível mínimo de renda.

O imposto sobre produtos industrializados (IPI) tem caráter fiscal (arrecadatório), mas apresenta, em sua legislação, extrafiscalidades. Os produtos industrializados exportados são imunes ao IPI; os produtos essenciais, tais como remédios, alimentos e vestuário, têm alíquota zero, em respeito ao princípio da essencialidade. O fato gerador do IPI é o desembaraço aduaneiro, quando for produto de procedência estrangeira, e a saída de qualquer estabelecimento considerado contribuinte do imposto (CF/1988, art. 153, IV e § 3º; arts. 46 a 51 do CTN). Os produtos originários da Amazônia ocidental, que compreende os estados do Amazonas, Rondônia, Acre e Roraima e inclui Zona Franca de Manaus – esta última uma área industrial que compreende as cidades de Manaus, Rio Preto da Eva e Presidente Figueiredo – são equiparados à exportação, obtendo os mesmos benefícios fiscais que os produtos exportados.

O imposto sobre operações de crédito, câmbio, seguro, títulos e valores mobiliários, mais conhecido como IOF, conforme se pode verificar no art. 153, V, e § 5º, da CF/1988 e arts. 63 a 67 do CTN, tem os seguintes fatos geradores:

> I – quanto às operações de crédito, a sua efetivação pela entrega total ou parcial do montante ou do valor que constitua o objeto da obrigação, ou sua colocação à disposição do interessado;
> II – quanto às operações de câmbio, a sua efetivação pela entrega de moeda nacional ou estrangeira, ou de documento que a represente, ou sua colocação à disposição do interessado em montante equivalente à moeda estrangeira ou nacional entregue ou posta à disposição por este;
> III – quanto às operações de seguro, a sua efetivação pela emissão da apólice ou do documento equivalente, ou recebimento do prêmio, na forma da lei aplicável;
> IV – quanto às operações relativas a títulos e valores mobiliários, a emissão, transmissão, pagamento ou resgate destes, na forma da lei aplicável.
> Parágrafo único. A incidência definida no inciso I exclui a definida no inciso IV, e, reciprocamente, quanto à emissão, ao pagamento ou resgate do título representativo de uma mesma operação de crédito [CTN, art. 63].

O imposto territorial rural (ITR), segundo o art. 153, VI, e § 4º, da CF/1988 e arts. 29 a 31 do CTN, "tem como fato gerador a propriedade, o domínio útil ou a posse de imóvel por natureza, como definido na lei civil, localizado fora da zona urbana do Município" (art. 29 do CTN) e leva em conta o tamanho da propriedade e sua localização, para efeito de determinação de sua base de cálculo. Na Amazônia e no Pantanal, a gleba rural de até 100 hectares de tamanho tem isenção do ITR. No Polígono das Secas e na Amazônia oriental, o benefício fiscal é destinado a propriedades de até 50 hectares, enquanto nos demais municípios esse limite é de 30 hectares, conforme Lei nº 9.393/1996, art. 2º.

O imposto sobre grandes fortunas (IGF), previsto na Constituição de 1988, art. 153, VII, até o momento não foi regulamentado. Não basta que o tributo esteja na Carta Magna; isto é indispensável, mas não é suficiente. É preciso que uma lei regulamente esse tributo, disciplinando quem será o sujeito passivo, como se determinam a base de cálculo, a alíquota, o período de apuração, como descrito neste capítulo.

O quadro 2 indica os impostos de competência dos estados, citando os fatos geradores, bases de cálculo e os respectivos contribuintes.

Quadro 2

Resumo da competência privativa – impostos dos estados

Sigla	Fato gerador	Base de cálculo	Contribuinte
ITCMD	Transmissão *causa mortis* e doação de bens e direitos.	Valor dos bens ou direitos	Qualquer das partes envolvidas.
ICMS	Circulação das mercadorias ou prestação dos serviços de transportes interestadual e intermunicipal e de comunicação.	Valor das mercadorias ou dos serviços de transporte interestadual e intermunicipal e de comunicação	O estabelecimento que dá circulação à mercadoria ou o prestador de serviço de transporte e de comunicação.
IPVA	Propriedade de veículos automotores	Valor dos veículos automotores	O proprietário do veículo automotor.

Fonte: CF/1988, art. 155.

Na esteira dos impostos estaduais, o imposto sobre transmissão *causa mortis* e doação de quaisquer bens e direitos a eles relativos (ITCMD), visto na CF/1988, art. 155, I, e arts. 35, 38 e 42 do CTN, tem como fato gerador a transmissão dos bens e direitos. Sua base de cálculo é o valor venal dos bens e direitos. Sua alíquota era de 4%. Contudo, as unidades da federação têm elevado essas alíquotas, chegando até a incidência de 8%.

O imposto sobre circulação de mercadorias e prestação de serviços de transporte interestadual e intermunicipal e comunicação (ICMS), presente no art. 155, II, e §§ 2º a 5º, da CF/1988 e Lei Complementar (LC) nº 87/1996, tem como fato gerador a saída de mercadoria de estabelecimento contribuinte, ainda que para outro estabelecimento do mesmo titular. O ICMS não incide sobre exportações e operações equiparadas à exportação (Zona Franca de Manaus e Amazônia ocidental), operações que destinem a outros estados petróleo, inclusive lubrificantes, combustíveis líquidos e gasosos e energia elétrica, ouro definido como instrumento de política cambial ou ativo financeiro.

A Zona Franca de Manaus compreende os municípios de Manaus, Rio Preto da Eva e Presidente Figueiredo onde se concentram indústrias contempladas com incentivos fiscais, desde que tenham projetos aprovados pela Superintendência da Zona Franca de Manaus (Suframa).

O imposto sobre propriedade de veículos automotores (IPVA), art. 155, III, da CF/1988, tem como fato gerador a propriedade de veículo automotor, assim entendido qualquer veículo com propulsão por meio de motor. Sua base de cálculo é o valor do veículo. As alíquotas são diferenciadas em função do tipo e utilização do bem.

A Constituição Federal outorga ao Distrito Federal os impostos de competência dos estados e dos municípios. O Distrito Federal e os municípios podem instituir, ainda, a contribuição para custeio dos serviços de iluminação pública.

O quadro 3 indica os impostos de competência dos municípios, citando os fatos geradores, bases de cálculo e os respectivos contribuintes.

Quadro 3

Resumo da competência privativa – impostos dos municípios

Sigla	Fato gerador	Base de cálculo	Contribuinte
IPTU	Propriedade, domínio útil ou posse sobre imóvel urbano por natureza ou acessão física.	Valor venal da propriedade.	O proprietário, o possuidor ou o enfiteuta.
ITBI	Transmissão dos bens ou direitos "inter vivos".	Valor dos bens ou direitos.	Qualquer das partes envolvidas.
ISS	Prestação dos serviços previstos no Decreto-Lei nº 406/1968, alterado pelas leis complementares nºs 56/1987, 100/1999, 116/2003 e 157/2016.	Valor dos serviços.	O prestador dos serviços.

Fonte: CF, art. 156.

O imposto sobre propriedade predial e territorial urbana (IPTU), previsto na Constituição Federal, art. 156, I, e § 1º, e nos arts. 32 a 34 do CTN, "tem como fato gerador a propriedade, o domínio útil ou a posse de bem imóvel por natureza ou por acessão física, como definido na lei civil, localizado na zona urbana do Município" [CTN, art. 32]. A base de cálculo é o valor venal do imóvel [CTN, art. 33]. O IPTU poderá ser progressivo, de tal modo que a propriedade que não estiver identificada, ou seja, que não tiver registro, mas for identificada pelo fisco por aerofotogrametria ou outra forma, ou que, por qualquer motivo não estiver cumprindo sua função social (por exemplo imóvel fechado, sem ocupação por muito tempo), poderá ter de pagar um imposto maior (CF/1988, art. 156, § 1º, e art. 182, § 4º, II). As alíquotas são diferenciadas de acordo com a localização, o tamanho e o uso do imóvel.

O imposto sobre transmissão "inter vivos" (ITBI), como se pode ver na CF/1988, art. 156, II, e § 2º, e arts. 35 a 38 do CTN, a qualquer título, por ato oneroso, de bens imóveis, tem como fato gerador:

> Art. 35. [...]
> I – a transmissão, a qualquer título, da propriedade ou do domínio útil de bens imóveis por natureza ou por acessão física, como definidos na lei civil;
> II – a transmissão, a qualquer título, de direitos reais sobre imóveis, exceto os direitos reais de garantia;
> III – a cessão de direitos relativos às transmissões referidas nos incisos I e II.
> [...]
> Art. 38. A base de cálculo do imposto é o valor venal dos bens ou direitos transmitidos.

O imposto sobre serviços de qualquer natureza (ISSQN), previsto na CF/1988, art. 156, III, e § 3º, tem como fato gerador a prestação de serviço prevista em lei complementar. A base de cálculo é o valor do serviço prestado. A alíquota mínima do ISS é de 2% e a máxima de 5%. Atualmente, a lei que está em vigor é a Lei Complementar nº 116/2003 e o que foi mencionado anteriormente pode ser encontrado no art. 8º, II, 8º-A da mesma, com as alterações da Lei Complementar nº 157/2016.

Quando há prestação de serviços concomitante com a circulação de mercadorias, tem incidência do ISS somente a prestação dos serviços previstos em lei complementar. A parcela de fornecimento de mercadorias está sujeita ao ICMS.

A Lei Complementar nº 116/2003 trouxe uma inovação em relação à legislação do ISS vigente anteriormente ao determinar a retenção do imposto pelo tomador do serviço nos casos enumerados naquele diploma legal (em torno de 20 atividades).

Os municípios podem instituir, ainda, a contribuição para custeio de iluminação pública.

Contribuições sociais

São as contribuições para o Instituto Nacional do Seguro Social (INSS): Cofins, CSSL e FGTS. Essas contribuições são cobradas para custeio da previdência, sendo de competência exclusiva da União.

É uma exceção à exclusividade da competência da União a instituição de contribuição para custeio de previdência dos servidores públicos estaduais e municipais, que poderá ser realizada pelos estados e municípios, respectivamente, desde que cobrada dos servidores.

Compõem o grupo maior e mais importante das contribuições para a seguridade social (parafiscais), a ponto de o constituinte dedicar-lhes disposições especiais na Constituição Federal em seu art. 195:

> Art. 195. A seguridade social será financiada por toda a sociedade, de forma direta e indireta, nos termos da lei, mediante recursos provenientes dos orçamentos da União, dos Estados, do Distrito Federal e dos Municípios e das seguintes contribuições sociais:
> I – do empregador, da empresa e da entidade a ela equiparada na forma da lei, incidente sobre:
> a) a folha de salários e demais rendimentos do trabalho pagos ou creditados, a qualquer título, à pessoa física que lhe preste serviço, mesmo sem vínculo empregatício;
> b) a receita ou o faturamento;
> c) o lucro;
> II – do trabalhador e dos demais segurados da previdência social, não incidindo contribuição sobre aposentadoria e pensão concedidas pelo regime geral de previdência social de que trata o artigo 201.

Princípios constitucionais

Os tributos são criados de acordo com a competência tributária conferida pela Constituição Federal à União, aos estados, ao Distrito Federal e aos municípios. Contudo, essa competência tributária conferida aos sujeitos ativos não é ilimitada, mas disciplinada pelas chamadas limitações do poder de tributar.

As limitações do poder de tributar desdobram-se em princípios constitucionais (normas gerais) e imunidades tributárias. Essas limitações vinculam os legisladores, sejam eles federais, estaduais ou municipais, na elaboração das leis ordinárias, bem como de suas regulamentações em decretos, os quais dão origem aos regulamentos dos impostos (RIR, Ripi, RICMS etc.).

Entre os princípios gerais, destacamos os que se seguem.

Princípio da legalidade tributária

É o princípio mais antigo na legislação pátria. Desde a primeira Constituição republicada de 1891, vem sendo inserido em nossas cartas magnas.

Na atual Constituição, o princípio consta, de forma genérica, no art. 5º, II – "ninguém será obrigado a fazer ou deixar de fazer alguma coisa senão em virtude de lei" –, sendo clarificado no art. 150:

> Art. 150. Sem prejuízo de outras garantias asseguradas ao contribuinte, é vedado à União, aos Estados, ao Distrito Federal e aos Municípios:
> I – Exigir ou aumentar tributo sem lei que o estabeleça;
> [...].

O CTN enuncia esse princípio em seu art. 97, no campo reservado à lei. Segundo o CTN, somente a lei pode instituir tributos ou extingui-los, majorá-los ou reduzi-los, equiparando à majoração de tributo à modificação de sua base de cálculo, que importe em torná-lo mais oneroso (art. 97, I a VI e § 1º).

Segundo Gandelli (2004:52),

> Não resta dúvida, pois, que quando se diz que ninguém será obrigado a fazer ou deixar de fazer senão em virtude de lei, quer se referir a um ato dotado de representatividade popular, sendo, pois, indispensável a atuação do Poder Legislativo. Atrelando-se, pois, necessariamente, o princípio da legalidade ao princípio federativo, parece-nos correto afirmar que nenhum tributo pode ser criado ou aumentado sem que um ato legislativo, *lato sensu*, dotado de representatividade popular, o estabeleça. Essa norma básica relativa à representação do povo no exercício do poder pelo Estado garante a inviolabilidade dos direitos e garantias individuais e fixa os exatos contornos do princípio da legalidade.

O ICMS é regido pelo princípio da legalidade. Só poderá ser modificada sua base de cálculo, ou majorada sua alíquota, por meio de lei, assim considerado o ato formal emanado do Poder Legislativo.

Em relação ao IPI, esse princípio aplica-se parcialmente porque é facultado ao Poder Executivo majorar suas alíquotas, acrescentando até 30 unidades ao percentual de incidência fixado na lei (CF/1988, art. 153, IV, combinado com art. 4º do Decreto-Lei nº 1.199/1971).

Na realidade, trata-se de exceções à reserva de lei previstas na Constituição Federal e no CTN para uns poucos impostos. Essas exceções referem-se ao imposto de importação, ao imposto de exportação, ao imposto sobre produtos industrializados e ao imposto sobre crédito câmbio e seguros ou operações relativas a títulos e valores mobiliários. Nesses casos, atendidas as condições e os limites estabelecidos em lei, é facultado ao Poder Executivo alterar as alíquotas dos referidos impostos, de forma a possibilitar ao Poder Executivo ações de curto prazo na conjuntura econômica.

Princípio da anterioridade tributária

O art. 150, III, "b" da Constituição Federal assegura que "é vedado [...] cobrar tributos [...] no mesmo exercício financeiro em que haja sido publicada a lei que os instituiu ou aumentou".

O princípio da anterioridade também é aplicável às revogações de isenções que são, na prática, majoração de tributo. Contudo, essa proibição à revogação de isenção não se aplica ao ICMS por tratar-se de matéria a ser estabelecida em convênios celebrados pelos estados e pelo Distrito Federal, conforme o art. 155, § 2º, XII, "g" da CF/1988.

O IPI, IOF, II e o IE não estão sujeitos a esse princípio, para que o Poder Executivo possa executar suas políticas fiscal e monetária no curto prazo. Portanto, esses impostos podem ser alterados no próprio exercício em que foi editada a lei com tais alterações. Entretanto, em relação ao IPI, a Emenda Constitucional nº 42, de 19 de dezembro de 2003, acrescentou a alínea "c" ao art. 150, III, da Constituição Federal, determinando a vedação de cobrança de tributos antes de decorridos 90 dias da data em que haja sido publicada a lei que o instituiu ou aumentou.

Princípio da irretroatividade

Em matéria tributária, a irretroatividade está disciplinada no art. 150, III, da Constituição Federal:

> Art. 150. [...] é vedado [...]:
> III – cobrar tributos:
> a) em relação a fatos geradores ocorridos antes do início da vigência da lei que os houver instituído ou aumentado.

Essa norma constitucional assegura ao sujeito passivo a obrigação de pagar o tributo em consonância com as normas legais vigentes à época da ocorrência do fato gerador. Em outras palavras, a lei não pode retroagir para atingir fatos geradores anteriores a ela.

A regra geral é que a lei tributária deve produzir efeitos a partir de sua publicação. Isto, no entanto, não significa que a lei esteja impedida de reduzir ou dispensar o pagamento do tributo, mesmo para fatos pretéritos. Em suma, a lei poderá retroagir se for mais benéfica ao contribuinte.

Princípio da isonomia ou igualdade tributária

A isonomia ou igualdade de todos perante a lei está inscrita no capítulo concernente aos direitos e deveres individuais e coletivos da Constituição, cujo art. 5º, *caput*, assegura que todos são iguais e garante a todos o direito à igualdade. O mesmo princípio volta a ser lembrado no art. 19, III, que veda a discriminação entre brasileiros. No campo tributário, o art. 150 assim o descreve:

> Art. 150. [...] é vedado [...]
> II – Instituir tratamento desigual entre contribuintes que se encontrem em situação equivalente, proibida qualquer distinção em razão de ocupação profissional ou função por eles exercida, independente da denominação jurídica dos rendimentos, títulos ou direitos.

Extrai-se do enunciado que a lei deve tratar da mesma forma aqueles que se encontrem em situação de igualdade, ou seja, aqueles que apresentem mesma capacidade contributiva, e tratar de forma desigual os desiguais.

Esse princípio merece destaque em relação ao ICMS e ao IPI, na medida em que se constitui uma limitação à concessão de isenções subjetivas que beneficiam um grupo de contribuintes em detrimento de outros que se encontram em situação análoga.

Isenções objetivas são concedidas aos produtos, sem qualquer vinculação ao contribuinte ou ao adquirente, enquanto que a isenção subjetiva somente exclui o crédito tributário quando seu titular esteja na situação de contribuinte ou responsável.

Como exemplo da aplicação do princípio da isonomia, há várias manifestações do Poder Judiciário sobre diversos pontos da legislação e tributos distintos. A título de exemplo, segue uma decisão em que empresas de seguros impetraram ações contra a majoração da alíquota da contribuição social sobre o lucro líquido para o setor financeiro e o julgado tomou por base o princípio da isonomia para manter o entendimento do fisco. Veja-se:

> CONTRIBUIÇÃO SOCIAL SOBRE O LUCRO. CORRETORA DE SEGUROS. CAPACIDADE CONTRIBUTIVA. ISONOMIA. O princípio da capacidade tributária visa à repartição do ônus fiscal do modo mais justo possível. Dessa forma, agrupando os contribuintes com situações semelhantes em classes e dispensando tratamento igualitário dentro de cada classe, em verdade, está-se dando efetividade ao princípio da isonomia. A corretora de seguros, para fins de recolhimento da contribuição social sobre o lucro teve o mesmo tratamento tributário dispensado às instituições financeiras. Não é necessário que a corretora pratique atos típicos de instituições financeiras para que deva pagar a contribuição na alíquota majorada. As pessoas jurídicas elencadas no artigo 22, parágrafo 1º da Lei 8.212/1991 têm a mesma realidade econômica e fiscal, formam uma classe diferenciada, o que autoriza a tributação em alíquota majorada [TRF4, Segunda Turma, AC 2000.71.08.000131-6/RS. Desembargador Vilson Darós, mar. 2002].

Princípio da capacidade contributiva

O princípio da capacidade contributiva está inserido no art. 145, § 1º, no qual está previsto que,

> sempre que possível, os impostos terão caráter pessoal e serão graduados segundo a capacidade econômica do contribuinte, facultado à administração tributária conferir, especialmente, efetividade a esses objetivos, identificar, respeitados os direitos individuais e nos termos da lei, o patrimônio, os rendimentos e as atividades econômicas do contribuinte.

Do exposto, depreende-se que é inconstitucional o imposto que exija mais do que o contribuinte possa pagar. Outro entendimento expresso no texto é o caráter pessoal da tributação, visto que o legislador ordinário deve considerar as características pessoais e específicas dos contribuintes.

Princípio de vedação ao confisco

A Constituição coíbe desapossar alguém em proveito do Estado. O art. 150, VI, veda a utilização do tributo com efeito de confisco.

Do ponto de vista tributário, a Constituição garante o direito de propriedade (art. 5º, XXII, e art. 170, II) e coíbe o confisco ao estabelecer a prévia e justa indenização nos casos em que se autoriza a desapropriação (art. 5º, XXIV; art. 182, § 5º; art. 184).

Princípio da liberdade de tráfego

Estabelece o art. 150 da Constituição que é proibido:

V – Estabelecer limitações ao tráfego de pessoas ou bens, por meio de tributos interestaduais ou intermunicipais, ressalvada a cobrança de pedágio pela utilização de vias conservadas pelo Poder Público.

O que está em debate neste artigo em particular é a liberdade de locomoção, bem mais do que a não discriminação de pessoas ou bens. Esse princípio não guarda nenhuma relação com o tráfego internacional, mas somente com o interestadual e intermunicipal. Contudo, convive com o novo imposto criado a partir da Carta Magna sob a denominação "imposto estadual sobre operações relativas à circulação de mercadorias e sobre prestação de serviços de transporte interestadual e intermunicipal e de comunicação" (ICMS), por tratar-se de autorização constitucional.

Princípio da seletividade

Segundo esse princípio, o gravame deve ser inversamente proporcional à essencialidade do bem. Assim, o ICMS e o IPI devem estabelecer diferenciação entre produtos mais ou menos essenciais. Em relação ao IPI, o legislador atende à Constituição pelo uso de alíquotas que variam entre 0% e 330%.

Na tabela de incidência do IPI (Tipi), observamos que há aplicação prática desse princípio. Por exemplo: o perfume está tributado com alíquota de 40%, o automóvel tem alíquotas que variam entre 0% e 38%, enquanto remédio e vestuário têm alíquota 0%, tendo em vista a maior essencialidade desses dois últimos.

Em relação ao ICMS, esse princípio tem sido adotado por meio dos mecanismos de redução de base de cálculo e dos créditos presumidos para aqueles produtos considerados essenciais.

Princípio da não cumulatividade

O IPI e o ICMS serão não cumulativos, compensando-se o que foi devido em cada operação com o montante cobrado nas anteriores, segundo o art. 155 da Constituição Federal.

Nas diversas etapas de uma cadeia produtiva, são obtidos produtos industrializados que serão insumos em outras etapas. Como há tributação em cada fase do processo industrial, a Constituição Federal estabeleceu a não cumulatividade, que é atendida na legislação ordinária pelo sistema de crédito fiscal.

Princípio da imunidade tributária do IPI

É vedado à União instituir impostos sobre livros, jornais, periódicos e sobre o papel destinado a sua impressão (CF/1988, art. 150, IV, "d"). A imunidade também alcança:

a) os produtos industrializados destinados ao exterior (CF, art. 153, § 3º, III);
b) energia elétrica, derivados de petróleo, combustíveis, minerais do país e serviços de telecomunicações (CF, art. 155, § 3º);
c) ouro, quando definido como ativo financeiro ou instrumento de política cambial (CF, art. 153, § 5º).

Princípio da imunidade tributária do ICMS

As imunidades previstas para o ICMS estão contempladas no art. 155, § 2º, X, da Constituição Federal, com as alterações introduzidas pela Lei Complementar nº 87/1996. De acordo com essas normas legais, o ICMS não incidirá sobre:

a) livros, jornais, periódicos e o papel destinado a sua impressão (CF/1988, art. 150, VI, "d");
b) operações que destinem ao exterior produtos industrializados (CF/1988, art. 155, § 2º, X, "a");
c) operações que destinem a outros Estados petróleo, inclusive lubrificantes, combustíveis líquidos e gasosos dele derivados, e energia elétrica (CF/1988, art. 155, § 2º, X,"b");
d) ouro definido como ativo financeiro ou instrumento cambial (CF, art. 155, § 2º, X, "c").

A tributação no tempo: decadência e prescrição

Esses dois conceitos são relevantes no direito tributário. Decadência trata do lapso temporal entre o nascimento da obrigação tributária (fato gerador) e o prazo para homologação ou constituição do crédito tributário, enquanto a prescrição refere-se ao prazo para o fisco efetuar a cobrança do lançamento já constituído.

O prazo inicial da decadência começa a fluir da ocorrência do fato gerador, sendo homologado tacitamente cinco anos após essa data, exceto nos casos de infração qualificada (dolo, fraude e simulação), como se observa na Lei nº 4.502/1964, arts. 71 a 73. Nesta última hipótese, o prazo inicial para homologação ou constituição do crédito tributário desloca-se para o primeiro dia do exercício seguinte àquele em que o lançamento poderia ter sido efetuado.

O prazo decadencial não se interrompe nem se suspende. Na prescrição, há interrupção de prazo toda vez que o contribuinte se manifesta sobre o lançamento efetuado.

A prescrição é o direito de o Estado propor uma ação (execução fiscal) para cobrar o crédito tributário. O prazo legal também é de cinco anos, mas inicia sua fluência a partir da constituição do direito ao crédito tributário.

O quadro 4 resume os prazos da decadência e da prescrição.

Quadro 4
A tributação no tempo

	Decadência		Prescrição	
	Início do prazo – fato gerador	Término do prazo	Início do prazo	Término do prazo
Ano	0	5	0	5

Crédito tributário

"O crédito tributário decorre da obrigação tributária principal e tem a mesma natureza desta" (CTN, art. 139). O crédito tributário é o instrumento que formaliza a relação jurídico-tributária, possibilitando, assim, que o sujeito ativo (fisco) possa exigir do sujeito passivo (contribuinte ou responsável) a obrigação tributária principal da qual decorre.

Lançamento tributário

Lançamento é o procedimento destinado à constituição do crédito tributário, que se opera de ofício, ou por homologação mediante atos de iniciativa do sujeito passivo da obrigação tributária, com o pagamento antecipado do imposto e a devida comunicação ao fisco (CTN, arts. 142, 144 e 150). O CTN define que:

> Art. 142. Compete privativamente à autoridade administrativa constituir o crédito tributário pelo lançamento, assim entendido o procedimento administrativo tendente a verificar a ocorrência do fato gerador da obrigação correspondente, determinar a matéria tri-

butável, calcular o montante do tributo devido, identificar o sujeito passivo e, sendo o caso, propor a aplicação da penalidade cabível.

Resumida e cronologicamente, pode-se dizer, então, que:

(1) a obrigação tributária existe *in abstracto* na lei; (2) concretiza-se com ocorrência do fato gerador; (3) segue-se o lançamento, com o fim de promover o acertamento da relação jurídico-tributária; e, (4) uma vez, instrumentalizada a obrigação tributária com o lançamento, surge o crédito tributário.*

Modalidades de lançamento

O CTN disciplina três modalidades de lançamentos, diferentes entre si em razão da forma procedimental e do momento de pagamento do tributo em relação ao próprio lançamento.

Lançamento misto ou por declaração (art. 147 do CTN)

Assim denominado em razão de o lançamento ser efetuado pelo fisco com base em declaração do sujeito passivo ou de terceiro. A ocorrência do fato gerador apenas obriga o contribuinte a fornecer ao fisco os dados necessários à efetivação do lançamento, como ocorre, por exemplo, no caso do imposto predial territorial urbano (IPTU).

---

* Cf.: 01 Apostila-PT- PS-ALMEIDA-Setembro-09.pdf. Disponível em: <https://pt.scribd.com/document/268270966/01-Apostila-PT-PS-ALMEIDA--Setembro-09-pdf>. Acesso em: 4 ago. 2017.

Lançamento simples ou direito (art. 149 do CTN)

No qual toda iniciativa para efetivação do lançamento cabe ao fisco. O contribuinte em nada participa, pois cabe somente ao fisco apurar a ocorrência do fato gerador e promover a cobrança do tributo devido. Também denominado lançamento de ofício (exemplo IPTU).

Lançamento por homologação ou autolançamento

Lançamento no qual, ocorrido o fato gerador, o contribuinte tem, por lei, obrigação de antecipar o pagamento do tributo sem prévio exame da autoridade administrativa. A eventual extinção do crédito tributário só ocorrerá quando a autoridade competente homologar a atividade desempenhada pelo contribuinte correspondente ao lançamento do tributo (exemplo ICMS). Nessa modalidade, o pagamento antecipado do tributo extingue o crédito definitivamente, no prazo de cinco anos, caso o fisco não tome nenhuma iniciativa de rever o lançamento.

O fisco tem prazo decadencial de cinco anos para homologar o lançamento feito pelo contribuinte. Após esse prazo, salvo ocorrência de dolo, fraude ou simulação, considera-se homologado o lançamento e extinto o crédito tributário.

Em realidade, a homologação expressa jamais ocorre. Não existe nenhum ato normativo disciplinando o assunto, pelo que deve-se entender que não cabe a nenhuma autoridade administrativa efetuar tal homologação. O fato de um auditor fiscal ter efetuado a fiscalização de um estabelecimento, lavrado o termo de início e de encerramento da ação fiscal não caracteriza homologação do imposto destacado e pago pelo contribuinte no período ali considerado.

Nesse sentido, a homologação do lançamento de iniciativa do contribuinte somente acontece decorridos cinco anos da data da ocorrência do fato gerador, salvo se efetuado com dolo fraude ou simulação, quando deixa de ser considerado homologado por decurso de prazo, ficando eventual diferença de imposto sujeita a lançamento de ofício até o esgotamento do prazo decadencial (CTN, art. 126, parágrafo único).

Transferências constitucionais

A repartição das receitas tributárias é matéria de direito financeiro estatuída na Seção VI da Constituição Federal, arts. 157 a 162. As transferências são efetivadas do governo central (União) para as unidades da federação e municípios e das unidades da federação para os municípios, cabendo ao Tesouro Nacional a competência para efetuar as transferências de recursos entre os entes federados.

Transferências da União para os estados

Os arts. 157 e 159 definem que a União deverá transferir para os estados:

1. Fundo de Participação dos Estados (FPE): 21,5% da arrecadação do IPI e do IR, distribuídos de forma diretamente proporcional à população e à superfície e inversamente proporcional à renda *per capita* da unidade da federação; 29% da arrecadação da contribuição de intervenção no domínio econômico (Cide Combustíveis). Do cálculo da Cide Combustíveis será excluída a parcela da arrecadação do IR pertencente aos estados, Distrito Federal e aos municípios.
2. Fundo de Compensação de Exportações (FPEx): 10% da arrecadação total do IPI. Sua distribuição é proporcional ao

valor das exportações de produtos industrializados, sendo limitada a participação individual a 20% do total do fundo.

3. Parte da arrecadação do IOF Ouro (ativo financeiro), que terá 30% destinados para o estado onde se encontra a mina.
4. O total da arrecadação do IR retido na fonte sobre rendimentos pagos pelos estados, suas autarquias e pelas fundações que instituírem ou mantiverem.

Transferências da União para fundos regionais

O Norte, Nordeste e Centro-Oeste são contemplados com 3% da arrecadação do IR e do IPI, cujos recursos serão destinados a programas de desenvolvimento nas respectivas regiões.

Transferências da União para os municípios

Os arts. 158 e 159 definem que a União deverá transferir para os municípios:

1. Fundo de Participação dos Municípios (FPM): 24,5% da arrecadação do IPI e do IR, com distribuição proporcional à população de cada município.
2. O total da arrecadação do IR retido na fonte sobre rendimentos pagos por eles, suas autarquias e pelas fundações que instituírem e mantiverem.
3. 50% da arrecadação do imposto territorial rural (ITR) relativo aos imóveis neles situados pertencem aos municípios.
4. Parte da arrecadação do IOF Ouro (ativo financeiro), que terá 70% destinados para o município onde se encontra a mina.

Transferências dos estados para os municípios

O art. 158 da Constituição Federal define que os estados devem distribuir para os municípios:

1. 50% da arrecadação do imposto sobre circulação de mercadorias e serviços (ICMS), sendo os recursos distribuídos 75% em função da proporção do valor acionado nas operações realizadas em seus territórios e até 25% de acordo com lei estadual.
2. 25% dos recursos do Fundo de Compensação de Exportações (FPEx).
3. 25% dos recursos recebidos pelos estados a título de sua participação na Cide Petróleo.

Esquematicamente, resumimos as transferências constitucionais em conformidade com a figura 1.

Figura 1

TRANSFERÊNCIAS CONSTITUCIONAIS

A interpretação da legislação tributária e o planejamento tributário

Gestão de tributos é a possibilidade de reduzir, postergar ou evitar a incidência tributária, aderindo à norma legal. Há situações em que a própria legislação induz à tomada de decisão acerca da melhor alternativa. Assim, quando elaboramos nossa declaração anual de ajuste do imposto de renda, o próprio sistema da Receita Federal nos indica a melhor alternativa: modelo completo ou modelo simplificado.

No entanto, há casos em que a legislação não nos induz, de imediato, à tomada de decisão visando à economia de impostos. Nessas situações, é necessária uma análise mais detalhada da operação a ser realizada, verificando a legislação de regência da matéria. Assim, se uma pessoa física tenciona adquirir um plano de previdência complementar, que tipo de plano será mais apropriado para esse contribuinte, em termos de tributação e, por conseguinte, com reflexos financeiros sobre sua escolha? A resposta a tal indagação dependerá do modelo da declaração apresentada pelo contribuinte e também da natureza de seu rendimento. Caso esse contribuinte apresente modelo simplificado de declaração, ou mesmo que apresente modelo completo, mas se seu rendimento é isento, o investimento no plano de previdência deverá contemplar o VGBL (Plano de Previdência Vida Gerador de Benefícios Livres). Nesse caso, não deduzirá nenhuma parcela no momento da apresentação de sua declaração de rendimentos, mas será tributado no futuro como um ativo financeiro, ou seja, apenas sobre o rendimento auferido e não sobre o valor resgatado. Como plano de previdência tem a natureza de investimento de longo prazo, a tributação recairá sobre a alíquota menor do IR.

Contudo, se a declaração apresentada é o modelo completo e os rendimentos declarados são tributáveis, o investimento a ser realizado deverá contemplar o PGBL (Plano Gerador de Benefícios Livres). Neste caso, o contribuinte poderá deduzir até 12% de sua renda tributável, postergando o pagamento do imposto para o momento futuro de resgate do plano de previdência. Também não adiantará optar por um valor investido que irá superar os 12% da renda tributável, pois não estará otimizando sua escolha. Nesse caso, deverá observar o limite de dedução e aplicar os recursos adicionais em outro ativo financeiro.

No plano das empresas, as decisões não são diferentes. Optar pelo lucro presumido ou lucro real, de certa forma já está implícito na legislação. Basta saber calcular as duas formas de apuração e compará-las. De outro lado, observam-se operações em que a legislação não indicará, prontamente, o melhor caminho a seguir, exigindo análises mais detalhadas e conhecimento do processo operacional da empresa, de forma a obter a melhor alternativa do ponto de vista tributário, sem deixar de lado a observância das normas legais.

Tomemos como exemplo um grupo econômico, em que empresas promovam saídas de produtos intergrupo, havendo incidência em cascata (tributação incidente sobre o preço de venda, sem possibilidade de compensar o que foi pago nas etapas anteriores) de tributos indiretos. Nesse caso, há a alternativa legal de incorporar essas empresas e transformá-las em filiais atacadistas. Sendo assim, nas transferências de produtos da matriz para suas filiais não haverá incidência dos tributos indiretos.

O planejamento deve estar respaldado em atos lícitos, ou seja, a elisão, assim considerada como a ação do contribuinte que procura evitar ou reduzir a carga tributária, ou mesmo retardá-la, por meio de procedimentos lícitos, legítimos, admitidos por lei. De modo diverso, a evasão constitui uma infração da lei, sujeitando-se a punição. Nesse caso, já ocorreu o fato gerador, já tendo, portanto, surgido a obrigação tributária específica.

Segundo Amaro (1997:220):

> O divisor de águas entre a evasão (ilegal) e a elisão parte realmente da consideração de que, na primeira, o indivíduo se utiliza de meios ilícitos para fugir ao pagamento de tributos, e, no segundo caso trilharia caminhos lícitos. A diferença reside, portanto, na licitude ou ilicitude dos procedimentos ou dos instrumentos adotados pelo indivíduo; por isso é que se fala em evasão legal ou evasão ilegal de tributo.

Segundo Latorraca (1998:63), o contribuinte que pretender planejar em matéria tributária terá de adotar os seguintes procedimentos preventivos:

a) deverá antecipar-se ao fato, prevendo sua ocorrência;
b) adotará um procedimento lícito para evitar a ocorrência do fato gerador da obrigação tributária, ou adotará uma alternativa legal que esteja ao seu alcance para reduzir a carga tributária.

A infração qualificada (sonegação, fraude e conluio) é bem distinta da economia de impostos porque, nesta última, o contribuinte adota um procedimento lícito para evitar a ocorrência do fato gerador, ou adota uma alternativa legal a seu dispor para reduzir a carga tributária. Na infração qualificada, os meios utilizados são ilícitos, ou seja, o sujeito passivo da obrigação tributária age deliberadamente contra a lei, com a intenção de obter o evento desejado.

Na elisão, o contribuinte está aderindo à norma legal, tem *compliance* tributário, enquanto que na evasão está à margem da lei. Caso criássemos uma figura para distinguir os dois conceitos, diríamos que, na elisão, o contribuinte está na parte branca da legislação, enquanto na evasão está na parte negra da força. Contudo, entre os extremos, há várias tonalidades de cinza. Em matéria tributária, há muito mais do que "cinquenta tons de cinza". Essa faixa entre os dois extremos é conceituada pela doutrina e pela jurisprudência como *elusão* ou *norma antielisiva*. O que caracteriza a elusão é o abuso de forma jurídica (*substance over form*) ou a falta de propósito negocial (*business purpose*).

A Lei Complementar nº 104, de 10 de janeiro de 2001, introduziu o parágrafo único no art. 116 do Código Tributário Nacional (CTN) (Lei Complementar nº 5.172/1966), tratando da norma antielisiva, transcrito a seguir:

> Lei Complementar 104, de 10 de janeiro de 2001.
> Art. 1º. A Lei 5.172, de 25 de outubro de 1966 – Código Tributário Nacional passa a vigorar com as seguintes alterações:
> CTN, art. 116.[...]
> Parágrafo Único. A autoridade administrativa poderá desconsiderar atos ou negócios jurídicos praticados com a finalidade de dissimular a ocorrência do fato gerador do tributo ou a natureza dos elementos constitutivos da obrigação tributária, observados os procedimentos a serem estabelecidos em lei ordinária.

Do texto legal, extrai-se que é necessária uma norma legal que estabeleça os limites do planejamento tributário. Até o momento, não há legislação específica sobre a matéria. Houve uma tentativa de sua regulamentação por meio da Medida Provisória nº 66/2002, convertida, posteriormente, na Lei nº 10.637/2001. Contudo, o capítulo que tratava da norma antielisiva brasileira foi rejeitado pelo Congresso, no processo legislativo de conversão da MP em lei.

As hipóteses de atos ou negócios jurídicos passíveis de desconsideração, embora lícitos entre as partes, buscam tratamento tributário favorecido e são caracterizadas como abuso de forma ou falta de propósito negocial.

Vale ressaltar que a Lei Complementar nº 104/2002 não trata de infrações qualificadas à legislação (dolo, fraude e simulação), para as quais a legislação já oferece tratamento específico. Tampouco trata de evasão, que também está disciplinada pela legislação tributária.

Os atos praticados são lícitos entre as partes, mas não têm efeito para fins tributários, possibilitando ao fisco a requalificação dos fatos concretos, despindo-os do abuso de forma jurídica que não revela a real intenção dos agentes.

Enquanto não há regulamentação da matéria, o fisco e os julgadores utilizam-se de elementos de análise da legislação já existente, notadamente o Código Civil, como fonte do direito para analisar os fatos apresentados. Há uma tendência mais hodierna dos julgadores em analisar os aspectos formais e materiais. Estes devem estar alinhados. Quando o aspecto formal (documento onde está expressa a vontade do contribuinte) não guarda relação com o aspecto material (essência econômica), o julgador decide, majoritariamente, que os documentos apresentados não guardam relação com a intenção do agente. Nesse sentido, os fatos são requalificados, de forma a se observar a verdadeira intenção. Em uma análise contábil, diríamos que a essência econômica deve se sobrepor à forma jurídica.

Abraham (2007:223) cita, em sua obra, diversos artigos do Código Civil que devem ser observados, tais como: função social do contrato (art. 421), boa-fé objetiva (art. 422), abuso de direito (art. 187), ausência de motivos legítimos (arts. 138, 139 e 140). Além do Código Civil, o autor cita o abuso de forma, que não consta no Código Civil, mas é caracterizado, segundo o autor, nos seguintes termos: "[...] quando há uma divergência entre a forma externa do ato ou negócio jurídico realizado e o seu conteúdo".

Vamos analisar uma situação fática, envolvendo uma operação passível de ser contemplada na área da atuação da elusão.

Exemplo envolvendo operação passível de ser contemplada na área da atuação da elusão

A senhora Maria Farm tenciona vender uma fazenda de gado para o senhor José Field. O valor da fazenda constante na declaração de pessoa física da alienante é de R$ 2 milhões, enquanto o valor de mercado, base da negociação é de R$ 15 milhões. Portanto, haverá um ganho de capital tributável no IRPF, decorrente da alienação do imóvel rural, tendo como base de cálculo a diferença entre o valor da transação e o valor declarado pela alienante.

Contudo, orientada por um amigo, a senhora Maria Farm decide constituir uma empresa, tendo como sócio o senhor José Field. Combinaram entre si que a participação da alienante no capital será a fazenda objeto da negociação entre ambos, enquanto o adquirente ingressará na sociedade com o valor de mercado da fazenda, em espécie.

Até aqui, não há o que se questionar. É possível e legal a constituição de uma sociedade em que um ou mais sócios ingressem com bens e outros com capital.

Contudo, segue-se uma cisão: quem ingressou com a fazenda sai com o dinheiro e vice-versa. Agora, temos uma questão tributária para analisar à luz das normas gerais antielisivas.

Do ponto de vista do aspecto material, pergunta-se: Qual era a real intenção dos agentes envolvidos na operação? Era a constituição de uma empresa, ou esta serviu apenas para passar um patrimônio e encobrir a alienação do imóvel e a consequente apuração do ganho de capital? Qual era a essência econômica?

Observa-se que o aspecto material foi a alienação de um imóvel e o consequente ganho de capital. Contudo, a empresa constituída não era, de fato, uma sociedade empresária, pois foi constituída apenas para servir de passagem na transferência do imóvel, encobrindo a real intenção dos agentes. Faltou propósito negocial a esta empresa, pois não praticou nenhum ato de indústria, comércio ou qualquer outra operação empresarial.

A Lei nº 13.259/2016, em seu art. 1º, alterou a Lei nº 8.981/1995, majorando as alíquotas do imposto de renda decorrente de ganho de capital percebido por pessoa física, com as seguintes alíquotas:

- 15% sobre a parcela de ganhos que não ultrapassar R$ 5 milhões;
- 17,5% sobre a parcela que exceder R$ 5 milhões e não ultrapassar R$ 10 milhões;
- 20% sobre a parcela dos ganhos que exceder R$ 10 milhões e não ultrapassar a R$ 30 milhões;
- 22,5% sobre a parcela que ultrapassar R$ 30 milhões.

Considerações finais

Neste primeiro capítulo, procuramos evidenciar as regras gerais de tributação, seus conceitos, princípios e distribuição de recursos entre a União, estados e municípios, e os limites de um planejamento tributário.

No próximo capítulo, trataremos da tributação sobre o lucro, ou seja, as formas de apuração do imposto de renda e da contribuição social sobre o lucro líquido.

2
Imposto de renda das pessoas jurídicas (IRPJ)

O objetivo deste capítulo é analisar as apurações do IRPJ e da contribuição social sobre o lucro líquido (CSLL) nas modalidades de tributação do Simples Nacional, lucro presumido, lucro real e lucro arbitrado, de forma a possibilitar a opção menos onerosa para a empresa, dentro dos limites legais e princípios éticos.

Na parte do Simples Nacional, regime destinado ao tratamento diferenciado e favorecido dispensado às micro e pequenas empresas, estudamos os tributos alcançados por essa metodologia de cálculo, as atividades que se enquadram e aquelas excluídas do sistema, bem como a determinação do valor devido, nos termos da Lei Complementar nº 123/2006 e alterações posteriores, que trata do marco legal para essas empresas. No regime tributário de lucro presumido, analisamos os aspectos gerais dessa forma de apuração do IRPJ e da CSLL, determinação da base de cálculo e suas obrigações acessórias. Em relação ao regime tributário de lucro real, identificamos as pessoas jurídicas obrigadas, a determinação de sua base de cálculo e o valor devido, além de efetuarmos demonstrações que indicam a melhor forma de remuneração para os sócios, pessoas físicas. Examinamos, também, na apuração do lucro real, o tratamento fiscal dos juros sobre capital próprio e dos rendimentos de participações societárias.

Imposto de renda: fato gerador

Renda é uma noção oriunda da economia, mas, mesmo nesse campo, seu conceito não é único. Podemos tratar de renda social, nacional, regional, familiar, monetária, presumida, real etc. Nesse sentido, renda e proventos são fatos econômicos incorporados a normas jurídicas, que lhes dão significado e alcance próprios.

O CTN assim definiu, em seu art. 43:

> Art. 43. O imposto, de competência da União, sobre a renda e proventos de qualquer natureza tem como fato gerador a aquisição da disponibilidade econômica ou jurídica:
> I – de renda, assim entendido o produto do capital, do trabalho ou da combinação de ambos;
> II – de proventos de qualquer natureza, assim entendidos os acréscimos patrimoniais não compreendidos no inciso anterior.

Contudo, nem toda renda poderá ser objeto de incidência, mas apenas aquela prevista em lei, em respeito ao princípio da legalidade. Da definição do CTN extraímos que uma riqueza, para constituir renda, deve reunir, simultaneamente, os seguintes elementos: (a) provir de uma fonte patrimonial já pertencente ao próprio titular da renda; e (b) ser derivada de atividade do seu titular, visando ao acréscimo de valor desse patrimônio.

Estamos com Machado (2004:296) quando afirma que "não há renda, nem provento, sem que haja acréscimo patrimonial, pois o CTN adotou expressamente o conceito de renda como acréscimo". Partindo desse enunciado, podemos afirmar que o dinheiro recebido de uma doação ou herança não é renda, pois não provém de uma fonte preexistente no patrimônio do indivíduo que a recebe; ao contrário, juro sobre empréstimo é renda, por derivar de um patrimônio já pertencente ao credor (o capital emprestado).

Entendemos por patrimônio tudo que é suscetível de produzir um acréscimo de riqueza e não apenas bens materiais. Assim, o trabalho é patrimônio porque produz salário que, por sua vez, é renda (proventos).

Segundo Andrade Filho (2012:23),

> a expressão renda e proventos de qualquer natureza utilizada no texto constitucional significa que a lei tributária, ao erigir as hipóteses de incidência desse imposto, deve erigir uma situação em que tenha ocorrido um acréscimo patrimonial, isento de condições.

A título de exemplificação, podemos inferir que o adiantamento de clientes não é renda e sim uma obrigação, visto não haver disponibilidade econômica ou jurídica, mas apenas expectativa de auferir renda, o que ocorrerá no momento da transferência de propriedade. No mesmo sentido, não seria constitucional tributar a receita da venda de um imóvel, mas o lucro dessa operação.

No caso de pessoa jurídica, não é necessário que os ganhos sejam efetivamente percebidos pelo respectivo titular (*disponibilidade econômica*), bastando, isso sim, que este tenha adquirido o direito de crédito sobre os mesmos (*disponibilidade jurídica*), em conformidade com o regime de competência.

Tributação das pessoas jurídicas

A *pessoa jurídica* é uma entidade – um patrimônio – com personalidade própria. Segundo Winckler (1997:205), é "uma ficção, criada pelo Direito, capaz de exercer direitos e contratar obrigações. Não se confunde com as pessoas naturais que a constituem". Consideram-se contribuintes, para efeitos da legislação tributária, as pessoas jurídicas de direito privado domiciliadas no país, sejam quais forem seus fins, nacionalidade ou participação no capital; as filiais, sucursais, agências ou representações no país das pessoas jurídicas com sede no exterior; e os comitentes domiciliados no exterior, quanto aos resultados das operações realizadas por seus mandatários ou comissários no país.

Para fins fiscais, as sociedades em conta de participação são equiparadas às pessoas jurídicas. Na apuração dos resultados dessas sociedades, assim como na tributação dos lucros apurados e dos distribuídos, serão observadas as normas aplicáveis às pessoas jurídicas em geral.

A sociedade em conta de participação é tratada no Código Civil Brasileiro, nos arts. 991 a 996. Nesse tipo de sociedade, composta por duas ou mais pessoas, uma delas deve ser sociedade empresária. As atividades são realizadas por dois tipos de sócios: o sócio ostensivo e o sócio participante. O primeiro deve ser empresário ou sociedade empresária e realiza em seu nome os negócios jurídicos que são o objeto social da sociedade. Já o sócio participante não tem qualquer responsabilidade jurídica em relação aos negócios realizados pelo sócio ostensivo.

Embora não tenham personalidade jurídica, para fins fiscais as sociedades em conta de participação são equiparadas a pessoas jurídicas, e os lucros apurados e distribuídos devem seguir as regras aplicáveis às demais pessoas jurídicas, em conformidade com o Regulamento do Imposto de Renda (Decreto nº 3.000/1999, arts. 148, 149 e 254).

As empresas individuais, para fins de imposto de renda, são equiparadas às pessoas jurídicas. Nesse sentido, consideram-se empresas individuais:

I – as firmas individuais;

II – as pessoas físicas que, em nome individual, explorem, habitual e profissionalmente, qualquer atividade econômica de natureza civil

ou comercial, com o fim especulativo de lucro, mediante venda a terceiros de bens ou serviços;
III – as pessoas físicas que promoverem a incorporação de prédios em condomínio ou loteamento de terrenos [...] [Decreto nº 3.000/1999, art. 150].

Não se caracterizam como pessoas jurídicas aquelas entidades que não tenham personalidade jurídica ou, por objeto, o lucro. Elas, portanto, não estão obrigadas à apresentação da escrituração fiscal digital, ainda que se encontrem inscritas no CNPJ, ou mesmo que tenham seus atos constitutivos registrados em cartório ou juntas comerciais.

A Instrução Normativa RFB nº 11.422, de 19 de dezembro de 2013, instituiu a escrituração fiscal digital do imposto de renda e da contribuição social sobre o lucro em substituição à DIPJ.

As pessoas jurídicas que tenham por objeto o lucro apresentam escrituração fiscal digital de acordo com a forma de tributação pela qual optaram entre as alternativas oferecidas pela legislação do IRPJ.

Formas de tributação das pessoas jurídicas

As pessoas jurídicas são tributadas por uma das formas de apuração do IRPJ e da CSLL, por opção do contribuinte ou por determinação, legal nas seguintes modalidades: Simples Nacional; lucro presumido, arbitrado ou real.

Quando opta pelo *Simples Nacional*, o contribuinte é enquadrado como microempresa ou empresa de pequeno porte. Para efeitos conceituais, microempresa é a pessoa jurídica que tenha auferido, no ano-calendário anterior, receita bruta igual ou inferior a R$ 360 mil (até 31/12/2017). Já empresa de pequeno porte é a pessoa jurídica que tenha auferido, no ano-calendário anterior, receita bruta superior a R$ 360 mil e igual ou inferior a R$ 3,6 milhões, conforme Lei Complementar nº 123/2006, em seu art. 3º, com a redação dada pela Lei (até 31/12/2017) Complementar 1 nº 39/2011. Nos limites indicados de receita bruta, tais pessoas jurídicas podem optar pelo Simples, desde que não estejam enquadradas nas outras vedações previstas na legislação. A Lei Complementar nº 123/2006, no § 4º de seu art. 3º e em seu art. 17, relaciona as pessoas jurídicas e as atividades que não podem optar pelo Simples.

Com vigência a partir de julho de 2007, as normas gerais relativas ao tratamento diferenciado e favorecido a ser dispensado às micro e pequenas empresas passaram por regulamentações em vários pontos, realizadas pelo comitê gestor e por alterações posteriores, por meio de leis complementares. Entre as inovações da LC, estão contempladas: (a) a inclusão de várias novas atividades até então não inseridas no sistema simplificado (escritórios de contabilidade, corretores de imóveis, produtores de cinema, escolas de natação e empresas de vigilância dentre outras); (b) a aglutinação do ISS e do ICMS ao sistema; (c) a criação de novas linhas de crédito; (d) a simplificação de procedimentos para inscrição e baixa de empresas (Lei Complementar nº 147/2014); (e) a possibilidade de pleno acesso aos juizados especiais; (f) a não incidência de impostos diretos sobre exportação, além de (g) participação prioritária em licitações públicas relativas a contratos de até R$ 80 mil. Foi o Decreto nº 8.538/2015 que regulamentou o tratamento favorecido e diferenciado nas licitações promovidas pela administração pública federal.

Lucro presumido é uma modalidade prática para determinação da base de cálculo do IRPJ e da CSLL para as pessoas jurídicas não obrigadas à apuração do lucro real. Nos termos do art. 13 da Lei nº 9.718/2002, art. 13, com a redação dada pela Lei nº 12.814/2013, art. 7º, podem optar pelo lucro presumido as pessoas jurídicas cuja receita total, no ano-calendário anterior, tenha sido igual ou inferior a R$ 78 milhões ou valor proporcional ao número de meses de atividade do ano-calendário anterior, quando inferior a 12 meses.

Tal opção será aplicada em relação a todo o ano-calendário e será manifestada com o pagamento da primeira ou única quota do imposto devido, correspondente ao primeiro período de apuração do ano-calendário. O tributo com base no lucro presumido será determinado por períodos de apuração trimestrais, encerrados nos dias 31/3, 30/6, 30/9 e 31/12 de cada ano civil.

Já o *lucro arbitrado* é uma forma coercitiva de apuração do IRPJ e da CSLL em substituição ao lucro real ou presumido, quando o contribuinte não possui escrituração contábil ou fiscal, ou não mantém documentação que embase a escrituração. Os arts. 529, 530 e 537 do RIR/1999 evidenciam as hipóteses de arbitramento e forma de apuração dessa sistemática de cálculo.

Por último, regime do *lucro real* é o lucro contábil ajustado pelas adições, exclusões ou compensações prescritas ou autorizadas pela legislação fiscal. A determinação dessa categoria de lucro será precedida da apuração do lucro líquido do exercício e deverá ser determinado com observância dos preceitos da lei comercial (Lei das Sociedades Anônimas, em seu art. 190, com as alterações promovidas pela Lei nº 12.973/2014).

Simples Nacional

A maioria dos países prevê, em seu ordenamento jurídico, um tratamento especial às micro e empresas de pequeno porte. No Brasil, a Constituição Federal, art. 179, prevê um tratamento jurídico diferenciado às micro e pequenas empresas, definidas em lei. Nesse sentido, a Lei Complementar nº 123/2006, com alterações posteriores (ver alterações das leis complementares nºs 127/2007, 128/2008, 133/2010, 139/2011 e 147/2014), revogou as disposições do Simples Federal, bem como os modelos estaduais e municipais do Simples, para inaugurar o Simples Nacional, mais conhecido como Super Simples.

Essa forma simplificada de tributação estabelece um pagamento mensal unificado, correspondente à aplicação de um percentual sobre a receita bruta mensal, estando contemplados os seguintes tributos e contribuições: IRPJ, CSLL, Cofins, PIS, IPI, INSS (parcela relativa ao empregador, com exceção de várias atividades de prestação de serviços), ICMS e ISS, presente (Lei Complementar nº 123/2006, seu art. 13, I a VIII). O Simples Nacional não exclui a incidência dos seguintes tributos, devidos na qualidade de contribuinte ou responsável: IOF, II, IE, IRRF, ITR, CPMF, FGTS, os tributos e contribuições na importação de bens e serviços, o ICMS devido na substituição tributária e a contribuição previdenciária do empregado (Lei Complementar nº 123, art. 13, § 1º).

As empresas enquadradas nesse regime ficam dispensadas, ainda, do pagamento das demais contribuições instituídas pela União, inclusive as contribuições para as entidades privadas de serviço social e de formação profissional vinculadas ao sistema sindical (Sesc, Sesi, Senai, Senac, Sebrae e o salário-educação). Neste último caso, a economia pode representar aproximadamente 5,8% da folha de pagamento.

As demais receitas, tais como juros cobrados de clientes e descontos obtidos, que não integram a receita bruta e o ganho de capital, não estarão sujeitas à tributação nesse regime. Porém, o ganho de capital na venda de bens do ativo não circulante, tributado à alíquota de 15% a título de IRPJ, e o rendimento de aplicações financeiras de renda fixa, ou o ganho líquido em operações de renda variável, sofrerão tributação em definitivo. Estes últimos rendimentos estarão sujeitos às alíquotas aplicáveis conforme o prazo do investimento.

Para fins de enquadramento no Simples Nacional, as empresas assim classificadas poderão auferir receitas no mercado interno até o limite de R$ 3,6 milhões e, adicionalmente, receitas decorrentes de exportação de mercadorias ou serviços, desde que a receita dessas operações também não ultrapasse o limite de receita bruta anual (LC nº 147/2014, art. 3º, § 14).

A formalização da opção pelo Simples é efetuada pelo endereço eletrônico da Receita Federal do Brasil, sendo irretratável para todo o ano-calendário. No momento da opção, o contribuinte deverá prestar declaração de que sua atividade não está proibida de ingressar no Simples Nacional.

O art. 17 da Lei Complementar nº 123/2006 relaciona as atividades impedidas de optar pelo Simples Nacional. Recomenda-se consultar a Resolução nº 6, do comitê gestor, que possibilita pesquisa por Código Nacional de Atividade Econômica (CNAE).

Valores devidos pelas microempresas e empresas de pequeno porte

O valor devido mensalmente pelas empresas inscritas no Simples será determinado mediante a aplicação dos percentuais constantes dos anexos I a VI, da Lei Complementar nº 147/2014, conforme discriminado na tabela 1, adiante. O anexo I destina-se às empresas comerciais; o anexo II, às industriais; o anexo III destina-se aos prestadores de serviços que não tenham natureza técnica de profissão regulamentada; o anexo IV destina-se às atividades prestadoras de serviços intensivas de mão de obra (vigilância, conservação, limpeza e obras), além de escritórios de advocacia; o anexo V, aos serviços previstos no art. 18, § 5º-D; e o anexo VI, aos serviços de natureza técnica.

O percentual a ser aplicado em cada mês sobre a receita bruta, conforme a tabela 1, será o correspondente à receita bruta acumulada nos 12 meses anteriores ao do período de apuração, segundo a Lei Complementar nº 123/2006, em seu art. 18, § 1º.

Caso a empresa inicie as atividades no próprio ano da opção pelo Simples, os valores de receita bruta acumulada devem ser proporcionais ao número de meses de atividade no período. Se o valor da receita bruta auferida durante o ano-calendário ultrapassar o limite de R$ 300 mil multiplicados pelo número de meses do período de atividade, a parcela de receita que exceder o montante assim determinado estará sujeita às alíquotas máximas, previstas na tabela 1, majoradas em 20%.

Tabela 1
Percentuais aplicáveis no Simples Nacional

Receita bruta em 12 meses (R$)	Percentuais				
	Anexo I	Anexo II	Anexo III	Anexo IV	Anexo VI
	Comércio	Indústria	Receita proveniente da locação de bens móveis	Serviços	Alíquota
Até 180.000,00	4,00	4,50	6,00	4,50	16,93
De 180.000,01 a 360.000,00	5,47	5,97	8,21	6,54	17,72
De 360.000,01 a 540.000,00	6,84	7,34	10,26	7,70	18,43
De 540.000,01 a 720.000,00	7,54	8,04	11,31	8,49	18,77
De 720.000,01 a 900.000,00	7,60	8,10	11,40	8,97	19,04
De 900.000,01 a 1.080.000,00	8,28	8,78	12,42	9,78	19,94
De 1.080.000,01 a 1.260.000,00	8,36	8,86	12,54	10,26	20,34
De 1.260.000,01 a 1.440.000,00	8,45	8,95	12,68	10,76	20,66
De 1.440.000,01 a 1.620.000,00	9,03	9,53	13,55	11,51	21,17
De 1.620.000,01 a 1.800.000,00	9,12	9,62	13,68	12,00	21,38
De 1.800.000,01 a 1.980.000,00	9,95	10,45	14,93	12,80	21,86
De 1.980.000,01 a 2.160.000,00	10,04	10,54	15,06	13,25	21,97
De 2.160.000,01 a 2.340.000,00	10,13	10,63	15,20	13,70	22,06
De 2.340.000,01 a 2.520.000,00	10,23	10,73	15,35	14,15	22,14
De 2.520.000,01 a 2.700.000,00	10,32	10,82	15,48	14,60	22,21
De 2.700.000,01 a 2.880.000,00	11,23	11,73	16,85	15,05	22,21
De 2.880.000,01 a 3.060.000,00	11,32	11,82	16,98	15,50	22,32
De 3.060.000,01 a 3.240.000,00	11,42	11,92	17,13	15,95	22,37
De 3.240.000,01 a 3.420.000,00	11,51	12,01	17,27	16,40	22,41
De 3.420.000,01 a 3.600.000,00	11,61	12,11	17,42	16,85	22,45

Fonte: Lei Complementar nº 123/2006.

Os estados da federação e o Distrito Federal que tenham participação no produto interno bruto (PIB) nacional inferior a 5% poderão adotar sublimites para os anexos do Simples Nacional, constantes das tabelas 1 e 2. Sendo assim, os estados, cuja participação no PIB seja de até 1%, poderão utilizar as faixas da receita bruta anual até 35%, ou até 50%, ou até 70% do limite do Simples Nacional. Aquelas unidades da federação ou o Distrito Federal cuja participação no PIB seja mais de 1% e menos de 5% poderão optar pela aplicação das faixas de receita bruta anual até 50% ou até 70% do limite do Simples Nacional (Lei Complementar nº 123/2006, arts. 19 e 20, com a redação dada pela Lei Complementar nº 147/2014).

O recolhimento na forma do Simples Nacional não exclui, na qualidade de contribuinte ou responsável, a incidência de outros tributos, tais como: tributos incidentes na importação de bens e serviços; imposto sobre operações financeiras, crédito, câmbio e seguro; imposto de renda sobre ganhos de capital; imposto de renda sobre ganhos líquidos obtidos em aplicações de renda fixa ou renda variável; contribuição previdenciária do trabalhador e dos empresários ou sócios da empresa (estes na qualidade de contribuinte individual); imposto territorial rural; contribuição para o Fundo de Garantia do Tempo de Serviço; e a parcela do ICMS substituição tributária.

Exportação

Caso a empresa efetue vendas ao exterior, diretamente ou por intermédio de empresa comercial exportadora (*trading*), poderá deduzir do cálculo mensal do Simples Nacional o valor decorrente da aplicação das alíquotas do ICMS, IPI, PIS e Cofins sobre a parcela das receitas advindas de exportação (LC nº 123/2006, art. 18, § 1º, § 4º-A, IV e § 14).

Substituição tributária do ICMS e incidência concentrada do PIS e da Cofins

Para efeito de cálculo do Simples Nacional, no mês em que ocorrerem esses eventos, as receitas correspondentes à revenda de mercadorias sujeitas à substituição tributária do ICMS ou incidência concentrada do PIS e da Cofins poderão ser excluídas.

Tais exclusões da base de cálculo ocorrem porque o ICMS substituição tributária e o PIS/Cofins nas operações de saída já foram recolhidos na etapa anterior, por ocasião das saídas promovidas pela indústria ou empresa atacadista que está na condição de substituto tributária (LC nº 147, art. 13, XII, "a").

Os prestadores de serviços contemplados nos anexos V e VI, constantes das tabelas 1 e 2, vinculam o percentual de tributação ao percentual da folha de salários, incluídos os encargos, o montante pago nos 12 meses anteriores ao período de apuração, a título de remuneração a pessoas físicas decorrente de trabalho, incluídas as retiradas de pró-labore, acrescidos do montante efetivamente recolhido a título de contribuição previdenciária patronal e para o FGTS. (LC nº 123/2006, art. 18, § 24, com a redação dada pela LC nº 147/2014).

Tabela 2

Prestadores de serviço dependendo da folha de salários

Anexo V Percentuais							
(r)<0,10	0,10 ≤ (r) e (r) < 0,15	0,15 ≤ (r) e (r) < 0,20	0,20 ≤ (r) e (r) < 0,25	0,25 ≤ (r) e (r) < 0,30	0,30 ≤ (r) e (r) < 0,35	0,35 ≤ (r) e (r) < 0,40	(r) ≥ 0,40
17,50	15,70	13,70	11,82	10,47	9,97	8,80	8,00
17,52	15,75	13,90	12,60	12,33	10,72	9,10	8,48
17,55	15,95	14,20	12,90	12,64	11,11	9,58	9,03
17,95	16,70	15,00	13,70	13,45	12,00	10,56	9,34
18,15	16,95	15,30	14,03	13,53	12,40	11,04	10,06

Anexo V Percentuais							
(r)<0,10	0,10 ≤ (r) e (r) < 0,15	0,15 ≤ (r) e (r) < 0,20	0,20 ≤ (r) e (r) < 0,25	0,25 ≤ (r) e (r) < 0,30	0,30 ≤ (r) e (r) < 0,35	0,35 ≤ (r) e (r) < 0,40	(r) ≥ 0,40
18,45	17,20	15,40	14,10	13,60	12,60	11,60	10,60
18,55	17,30	15,50	14,11	13,68	12,68	11,68	10,68
18,62	17,32	15,60	14,12	13,69	12,69	11,69	10,69
18,72	17,42	15,70	14,13	14,08	13,08	12,08	11,08
18,86	17,56	15,80	14,14	14,09	13,09	12,09	11,09
18,96	17,66	15,90	14,49	14,45	13,61	12,78	11,87
19,06	17,76	16,00	14,67	14,64	13,89	13,15	12,28
19,26	17,96	16,20	14,86	14,82	14,17	13,51	12,68
19,56	18,30	16,50	15,46	15,18	14,61	14,04	13,26
20,70	19,30	17,45	16,24	16,00	15,52	15,03	14,29
21,20	20,00	18,20	16,91	16,72	16,32	15,93	15,23
21,70	20,50	18,70	17,40	17,13	16,82	16,38	16,17
22,20	20,90	19,10	17,80	17,55	17,22	16,82	16,51
22,50	21,30	19,50	18,20	17,97	17,44	17,21	16,94
22,90	21,80	20,00	18,60	18,40	17,85	17,60	17,18

Fonte: Lei Complementar nº 123/2006.

Exemplo de apuração do Simples – comércio varejista

Seguem as informações, na tabela 3, sobre a receita bruta auferida pela empresa Comercial Lago dos Cisnes Ltda. para determinar o valor devido mensalmente.

Tabela 3

Cálculo do Simples – comércio varejista

Mês	Receita bruta dos últimos 12 meses (R$)	Receita bruta no mês (R$)	Alíquota (%)	Valor devido
Jan.	350.000,00	80.000,00	5,47	4.376,00
Fev.	380.000,00	100.000,00	6,84	6.840,00
Mar.	485.000,00	100.000,00	6,84	6.840,00
Abr.	550.000,00	120.000,00	7,54	9.048,00

Simples Nacional a partir de 2018

A Lei Complementar nº 155/2016 promoveu alterações no regime de apuração do Simples Nacional, promovendo enquadramento de vários setores de atividades; criou a figura de empresa anjo, entre outras modificações. A seguir, comentaremos as principais inovações em vigor a partir de 2018.

O optante pelo Simples Nacional poderá admitir o investidor anjo que tem a função de aportar recursos que não integrarão o capital social da empresa, com a finalidade de fomento à inovação ou investimentos produtivo, no prazo máximo de sete anos. O investidor anjo não poderá participar da gestão da empresa, mas terá preferência em sua eventual venda.

O limite de receita do Simples Nacional passará de R$ 3,6 milhões para R$ 4,8 milhões. Contudo, esses novos limites não se aplicam ao ICMS e ao ISS, os quais permanecerão no limite anterior.

Serão cinco anexos, com redução de 20 faixas de faturamento para seis faixas de faturamento. É instituída a tributação progressiva, tendo o optante a incidência de alíquotas das faixas superiores apenas sobre o valor que ultrapassar o limite dessas faixas.

Para efeito de cálculo, a alíquota efetiva será determinada pela seguinte fórmula:

$$[(RBT12 \times \text{alíquota nominal}) - \text{parcela a deduzir}] \div RBT12$$

onde:

- RBT12: receita bruta acumulada nos 12 meses anteriores ao período de apuração
- Alíquota nominal e parcela a deduzir constam das tabelas 4 a 8, a seguir:

Tabela 4

Anexo I da Lei Complementar nº 123/2006 (a partir de 2018)

Receita bruta em 12 meses (em R$)		Alíquota (%)	Valor a deduzir (em R$)
1ª faixa	Até 180.000,00	4,00	–
2ª faixa	De 180.000,01 a 360.000,00	7,30	5.940,00
3ª faixa	De 360.000,01 a 720.000,00	9,50	13.860,00
4ª faixa	De 720.000,01 a 1.800.000,00	10,70	22.500,00
5ª faixa	De 1.800.000,01 a 3.600.000,00	14,30	87.300,00
6ª faixa	De 3.600.000,01 a 4.800.000,00	19,00	378.000,00

Tabela 5

Anexo II da Lei Complementar nº 123/2006 (a partir de 2018)

Receita bruta em 12 meses (em R$)		Alíquota (%)	Valor a deduzir (em R$)
1ª faixa	Até 180.000,00	4,50	–
2ª faixa	De 180.000,01 a 360.000,00	7,80	5.940,00
3ª faixa	De 360.000,01 a 720.000,00	10,00	13.860,00
4ª faixa	De 720.000,01 a 1.800.000,00	11,20	22.500,00
5ª faixa	De 1.800.000,01 a 3.600.000,00	14,70	85.500,00
6ª faixa	De 3.600.000,01 a 4.800.000,00	30,00	720.000,00

Tabela 6

Anexo III da Lei Complementar nº 123/2006 (a partir de 2018)

Receita bruta em 12 meses (em R$)		Alíquota (%)	Valor a deduzir (em R$)
1ª faixa	Até 180.000,00	6,00	–
2ª faixa	De 180.000,01 a 360.000,00	11,20	9.360,00
3ª faixa	De 360.000,01 a 720.000,00	13,50	17.640,00
4ª faixa	De 720.000,01 a 1.800.000,00	16,00	35.640,00
5ª faixa	De 1.800.000,01 a 3.600.000,00	21,00	125.640,00
6ª faixa	De 3.600.000,01 a 4.800.000,00	33,00	648.000,00

Tabela 7

Anexo IV da Lei Complementar nº 123 (a partir de 2018)

Receita bruta em 12 meses (em R$)		Alíquota (%)	Valor a deduzir (em R$)
1ª faixa	Até 180.000,00	4,50	–
2ª faixa	De 180.000,01 a 360.000,00	9,00	8.100,00
3ª faixa	De 360.000,01 a 720.000,00	10,20	12.420,00
4ª faixa	De 720.000,01 a 1.800.000,00	14,00	39.780,00
5ª faixa	De 1.800.000,01 a 3.600.000,00	22,00	183.780,00
6ª faixa	De 3.600.000,01 a 4.800.000,00	33,00	828.000,00

Tabela 8

Anexo V da Lei Complementar nº 123 (a partir de 2018)

Receita bruta em 12 meses (em R$)		Alíquota (%)	Valor a deduzir (em R$)
1ª faixa	Até 180.000,00	15,50	–
2ª faixa	De 180.000,01 a 360.000,00	18,00	4.500,00
3ª faixa	De 360.000,01 a 720.000,00	19,50	9.900,00
4ª faixa	De 720.000,01 a 1.800.000,00	20,50	17.100,00
5ª faixa	De 1.800.000,01 a 3.600.000,00	23,00	62.100,00
6ª faixa	De 3.600.000,01 a 4.800.000,00	30,50	540.000,00

A tributação de algumas atividades de serviços constantes dos §§ 5º e 5º -M do art. 18 da Lei Complementar nº 123/2006 dependerá do nível de utilização de mão de obra nos últimos 12 meses. Quando a participação da mão de obra sobre a receita bruta for superior a 28%, a tributação será efetuada no anexo III. Quando o fator for inferior a 28%, a tributação será no anexo V.

Lucro presumido

O lucro presumido em cada trimestre corresponde ao resultado da aplicação dos percentuais fixados em lei, de acordo com a atividade-fim da pessoa jurídica, sobre a receita bruta auferida no período, adicionado integralmente dos resultados das demais receitas, rendimentos e ganhos de capital, o que corresponderá à base de cálculo do imposto do IRPJ e da CSLL.

O percentual de presunção foi definido pelo legislador a partir da análise da demonstração de resultado do exercício (DRE), por segmento de atividade. Após considerar todas as receitas e despesas, chegou-se ao lucro antes do IRPJ e da CSLL. Em seguida, analisou-se a participação do lucro antes da tributação sobre a receita bruta (Lair e CSLL/ROB), determinando-se a lucratividade média por setor de atividade. Como o próprio nome indica, o legislador presumiu a lucratividade média daquele segmento. Por exemplo: os setores comercial e industrial têm uma lucratividade média em torno de 8% para efeitos de determinação da base de cálculo do imposto de renda.

O conceito de receita bruta em contabilidade difere do conceito da legislação tributária. A contabilidade, conforme Pronunciamento nº 30 do Comitê de Pronunciamentos Contábeis (CPC), considera receita como ingressos de benefícios econômicos que gerem acréscimos do patrimônio líquido, exceto recursos advindos dos sócios. Trata-se de conceito amplo que contém certo grau de subjetividade. Contudo, não se tributa por subjetividade. A legislação deve ser objetiva. Assim, a legislação tributária, no art. 12 do Decreto-Lei nº 1.598/1978, com a redação dada pelo art. 2º da Lei nº 12.973/2014, define receita bruta nos seguintes termos:

> Art. 12. A receita bruta compreende:
> I – o produto da venda de bens nas operações em conta própria;
> II – o preço da prestação de serviços em geral;
> III – o resultado auferido nas operações em conta alheia; e
> IV – as receitas da atividade ou objeto principal da pessoa jurídica não compreendidas nos incisos I a III.

Os incisos I a III estão presentes na legislação desde o advento do Decreto-Lei nº 1.598/1977. A novidade refere-se ao inciso IV, que teve por objeto deixar claro para o capital financeiro e também para empresas de arrendamento mercantil o conceito de receita bruta, tendo em vista que havia divergências entre o fisco e esse segmento da economia, atingindo o campo de incidência dos tributos indiretos, notadamente o PIS e a Cofins.

Percentuais de presunção

A base de cálculo do lucro presumido será determinada trimestralmente, mediante a aplicação dos percentuais sobre a receita bruta, apresentados na tabela 9.

Tabela 9

Percentuais aplicáveis ao lucro presumido

Discriminação das receitas	**Percentual do IRPJ**	**Percentual da CSLL**
Indústria e comércio	8	12
Serviços de transporte de cargas	8	12
Serviços hospitalares	8	12
Serviços de transporte de passageiros	16	12
Prestação de serviços em geral	32	32
Revenda de combustíveis	1,60	12
Construção por empreitada com material	8	12
Construção por empreitada unicamente com mão de obra	32	32
Prestação de serviços, até R$ 120 mil, exceto profissões regulamentadas	16	32

Fonte: arts. 15 e 20 da Lei nº 9.249/1995, com a redação dada pela Lei nº 12.973/2014.

O imposto devido em cada trimestre será calculado mediante a aplicação da alíquota de 15% sobre o lucro presumido. A parcela do lucro presumido que exceder o resultado da multiplicação de R$ 20 mil pelo número de meses do respectivo período de apuração (R$ 60 mil no trimestre) se sujeitará à incidência do adicional de 10%. Essa regra também é válida para os regimes de apuração do lucro real e do lucro arbitrado.

A CSLL devida trimestralmente será calculada aplicando o percentual fixado em lei sobre a receita bruta de sua atividade-fim, incluindo integralmente as demais receitas, rendimentos (Instrução Normativa RFB nº 1.700, de 14 de março de 2017, arts. 28 e 39) e ganhos de capital (lucro presumido), de forma a determinar a base de cálculo da CSLL, sobre a qual incide a alíquota de 9%, sem incidência de adicional.

O percentual sobre a receita bruta passou a ser de 32% a partir de 1º de setembro de 2003 (Lei nº 10.684/2003, art. 22) para a prestação de serviços em geral (exceto a de serviços hospitalares), intermediação de negócios, administração, locação ou cessão de bens imóveis e direitos de qualquer natureza.

Receitas não tributáveis no lucro presumido

Consideram-se não tributáveis as receitas e rendimentos a seguir discriminados: (a) recuperação de créditos que não representem ingressos de novas receitas e cujas perdas não tenham sido deduzidas na apuração do lucro real em períodos anteriores; (b) a reversão de saldo de provisões anteriormente constituídas, desde que o valor provisionado não tenha sido deduzido na apuração do lucro real dos períodos anteriores, ou que se refiram ao período no qual a pessoa jurídica tenha se submetido ao regime de tributação com base no lucro presumido ou arbitrado; (c) os lucros e dividendos recebidos decorrentes de participações societárias, caso refiram-se a períodos em que os mesmos sejam isentos de IRPJ; e (d) o resultado positivo de equivalência patrimonial.

Escrituração dos contribuintes optantes pelo lucro presumido

A pessoa jurídica optante pela sistemática de tributação com base no lucro presumido deverá manter escrituração contábil nos termos da legislação comercial ou, opcionalmente: (a) o livro caixa, no qual deverá estar escriturada toda a movimentação financeira, inclusive bancária; (b) o livro registro de inventário, no qual deverão constar registrados os estoques existentes no término do ano-calendário; e (c) em boa guarda e ordem, todos os livros de escrituração obrigatórios por legislação fiscal específica, bem como os documentos e demais papéis que serviram de base para a escrituração comercial e fiscal. A opção pelo livro caixa e o livro registro de inventário só tem efeitos para fins de apuração do imposto de renda, não se prestando aos atos da vida comercial, concordata ou falência (Novo Código Civil, arts. 1.180, 1.183, *caput* e § 2º, 1.185 e 1.186).

Recomendamos que a empresa mantenha escrituração completa com observância da lei comercial; caso contrário, só poderá distribuir lucros a seus sócios sem incidência de IRRF até o valor correspondente ao lucro presumido diminuído dos impostos e contribuições federais a que estiver sujeita a pessoa jurídica (IRPJ, CSLL, PIS e Cofins). Portanto, para a distribuição do lucro contábil efetivo, é indispensável manter escrituração completa, em consonância com as leis comerciais.

Exemplo de cálculo do lucro presumido

A empresa Industrial Flauta Mágica Ltda. obteve, no primeiro trimestre de 2016, receita operacional bruta de R$ 3,2 milhões, além da receita de aluguel de um galpão no valor de R$ 60 mil. Com base nessas informações, calculamos o IRPJ e a CSLL da empresa, conforme podemos visualizar na tabela 10.

Tabela 10

Cálculo do lucro presumido

Descrição	Em R$	IRPJ		CSLL	
		%	Base de cálculo	%	Base de cálculo
Receita bruta	3.200.000,00	8	256.000,00	12	384.000,00
Aluguel	60.000,00	100	60.000,00	100	60.000,00
		Total	316.000,00	Total	444.000,00
		IRPJ	**73.000,00**	CSLL	**39.960,00**

Foram aplicados os percentuais de 8% sobre a receita bruta, no cálculo do IRPJ e 12%, no cálculo da CSLL, por se tratar de atividade de comercialização de produtos de fabricação própria, enquanto a receita de aluguel foi tributada integralmente por não fazer parte da atividade operacional da empresa. Para fins de imposto de renda, sobre a base de cálculo de R$ 316.000,00, foi aplicada a alíquota de 15%, além do adicional de 10% sobre a parcela que ultrapassou os R$ 60 mil. Assim, teremos: (316.000 × 15%) + ((316.000 – 60.000) × 10%) = 73.000.

Para fins de contribuição social, sobre a base de cálculo de R$ 444.000 foi aplicada a alíquota de 9%, conforme segue: 444.000 × 9% = 39.960.

Comparação da carga tributária entre Simples Nacional e lucro presumido. Um estudo de caso da indústria gráfica

Pelo ponto de vista financeiro, qual a opção mais vantajosa para uma empresa do setor gráfico em relação ao recolhimento de tributos federais: a opção pelo Simples Nacional ou o recolhimento pelo lucro presumido? Caso o leitor não tenha familiaridade com a apuração do PIS e da Cofins, recomendamos uma leitura prévia do item "Legislação do PIS e da Cofins", no capítulo 3, de forma a acompanhar o desenvolvimento do caso. Os cálculos foram realizados no apêndice A.

Consideremos duas empresas gráficas, constituídas no início do mesmo ano, de tamanhos diferentes e apresentando as seguintes informações: (a) a Gráfica Serrano obtém receita mensal de R$ 90 mil; (b) a Gráfica Portela obtém receita mensal de R$ 180 mil; (c) o valor da folha de pagamentos corresponde a 10% do faturamento; (d) nesse tipo de atividade, o percentual total de encargos a ser recolhido ao INSS é de 26,8% sobre a folha de pagamentos; (e) o valor mensal do ICMS a recolher equivale a 5% do faturamento; e, (f) para efeitos de cálculo do Simples e do lucro presumido, a atividade gráfica é considerada industrial (Ato Declaratório Interpretativo RFB nº 18/2001).

O encargo do INSS sobre a folha de pagamentos corresponde à parcela de 20% do empregador mais as contribuições para o sistema "S" (salário-educação, seguro acidente de trabalho, Sesi, Senai, Senac e Sebrae).

No cálculo do Simples Nacional, considerou-se a receita bruta acumulada nos 12 meses, de forma a se identificar o percentual aplicável no anexo II.

Na tabela 11 e no detalhamento dos cálculos constantes do apêndice "A", observamos que para ambas as empresas, com tamanhos diferentes, o Simples Nacional é a melhor alternativa. O lucro presumido tornou-se a opção mais onerosa.

Tabela 11

Comparação: Simples *versus* lucro presumido
(cálculo para 12 meses)

	Simples	Lucro presumido						Diferença
		IRPJ	CSLL	PIS/ Cofins	ICMS	INSS	Total	
Gráfica Serrano	94.824	12.960	11.664	39.420	54.000	28.944	146.988	51.164
Gráfica Portela	227.664	25.920	23.328	78.840	108.000	57.888	293.976	66.312

O total de impostos da Gráfica Serrano, na sistemática do lucro presumido, importa em R$ 146.988, enquanto no cálculo do Simples

Nacional o valor devido é de R$ 94.824,00, ou seja, a sistemática de cálculo do lucro presumido é maior em 55,01% (146.988 ÷ 94.824). A Gráfica Portela tem uma receita que corresponde ao dobro da Gráfica Serrano. No cálculo do lucro presumido, chegou-se ao total de impostos no valor de R$ 293.976, enquanto o valor do Simples Nacional resultou em R$ 227.664, ou seja, o cálculo do lucro presumido importou em valor 29,13% maior do que o Simples Nacional.

A comparação dos cálculos do lucro presumido e do Simples Nacional (anexo II) possibilita afirmar que, à medida que a empresa aumenta de tamanho e vai se avizinhando do limite superior da tabela do Simples Nacional, a diferença entre essas duas sistemáticas de cálculo de tributos vai se reduzindo, aproximando-se da carga tributária do lucro presumido.

Lucro arbitrado

O arbitramento normalmente ocorre por iniciativa da autoridade administrativa, mas é admissível o autoarbitramento desde que conhecida a receita bruta. Caso contrário, o arbitramento deverá ser efetuado pela fiscalização, dentro do elenco de hipóteses previstas na legislação de regência da matéria, conforme Lei nº 8.981/1995, art. 47.

As principais hipóteses de arbitramento consistem em escrituração imprestável, escrituração com indícios de fraudes ou que contenha vícios, erros que não permitam a determinação do lucro real, opção indevida pela tributação com base no lucro presumido e falta de apresentação à autoridade tributária dos livros e documentos obrigatórios da escrituração comercial e fiscal.

Na determinação da base de cálculo do imposto de renda na forma do lucro arbitrado, deverão ser considerados os mesmos percentuais do lucro presumido, majorados em 20%. No caso da determinação da base de cálculo da CSLL não há majoração, devendo ser aplicados os mesmos percentuais de presunção.

Lucro real

Lucro real é o lucro líquido do período-base ajustado por adições, exclusões e compensações prescritas ou autorizadas pelo Regulamento do Imposto de Renda.

Estão obrigadas ao lucro real, conforme a Lei nº 9.718/1998, em seu art. 14, com a redação dada pela Lei nº 10.637/2002, em seu art. 46, as empresas:

> I – cuja receita total no ano-calendário anterior seja superior ao limite de R$ 78.000.000,00 (setenta e oito milhões de reais) ou proporcional ao número de meses do período, quando inferior a 12 (doze) meses;
> II – cujas atividades sejam de bancos comerciais, bancos de investimentos, bancos de desenvolvimento, caixas econômicas, sociedades de crédito, financiamento e investimento, sociedades de crédito imobiliário, sociedades corretoras de títulos, valores mobiliários e câmbio, distribuidoras de títulos e valores mobiliários, empresas de arrendamento mercantil, cooperativas de crédito, empresas de seguros privados e de capitalização e entidades de previdência privada aberta;
> III – que tiverem lucros, rendimentos ou ganhos de capital oriundos do exterior;
> IV – que, autorizadas pela legislação tributária, usufruam de benefícios fiscais relativos à isenção ou redução do imposto;
> V – que, no decorrer do ano-calendário, tenham efetuado pagamento mensal pelo regime de estimativa, na forma do art. 2º da Lei nº 9.430, de 1996;

VI – que explorem as atividades de prestação cumulativa e contínua de serviços de assessoria creditícia, mercadológica, gestão de crédito, seleção e riscos, administração de contas a pagar e a receber, compras de direitos creditórios resultantes de vendas mercantis a prazo ou de prestação de serviços (*factoring*);
VII – que explorem as atividades de securitização de créditos imobiliários, financeiros e do agronegócio.

As pessoas jurídicas de que tratam os incisos I, III, IV e V excepcionalmente poderão optar, durante o período em que estiverem submetidas ao Programa de Recuperação Fiscal (Refis), pelo regime de tributação com base no lucro presumido (Lei nº 9.964/2000, art. 4º). Empresas obrigadas ao lucro real que apresentavam bons índices de lucratividade aproveitaram-se de brechas na lei do Refis e ingressaram no lucro presumido, reduzindo substancialmente sua carga tributária.

Na sistemática de apuração do lucro real, há receitas reconhecidas na contabilidade que a legislação tributária não considera tributáveis. Nesse sentido, como aumentaram o resultado do período, devemos excluí-las no livro de apuração do lucro real (Lalur, a seguir explicado), de forma a determinarmos a base de cálculo do IRPJ e da CSLL. Os casos mais notórios dessas receitas são rendimentos de participações societárias, contrapartida do ajuste do valor do patrimônio líquido, doações feitas pelo poder público, ágio na emissão de ações e lucro na venda de ações em tesouraria. Essas exclusões estão contempladas nos ajustes ao lucro líquido.

Ajustes do lucro líquido

Os ajustes do lucro líquido, para fins de apuração da base de cálculo do IRPJ (lucro real), são três: as adições, as exclusões e as compensações.

O livro de apuração do lucro real (Lalur) possui características eminentemente fiscais, e tem por objeto possibilitar a passagem do lucro contábil ao lucro fiscal (real). Sendo assim, todas as pessoas jurídicas sujeitas ao lucro real estão obrigadas à escrituração do Lalur. Ele está estruturado em duas partes: "A" e "B". A parte "A" destina-se aos lançamentos de ajuste do lucro líquido do período (adições, exclusões e compensações), determinando-se a base de cálculo do IRPJ. A parte "B" é destinada exclusivamente ao controle de valores que não constam da escrituração comercial, mas que influenciam a determinação do lucro real em períodos de apuração subsequentes. São, também, controlados na parte "B" do Lalur os ajustes contabilizados que dependem de evento futuro para serem, definitivamente, computados no lucro real. Substancialmente, as bases de cálculo do IRPJ e da CSLL são similares.

Existem certas regras na legislação tributária que limitam ou impedem que determinados custos ou despesas sejam tidos como dedutíveis na apuração do lucro real. Tais custos ou despesas, ao serem registrados contabilmente, reduzem o lucro líquido. Para que essa redução não afete o lucro real, as despesas ou custos não dedutíveis devem ser adicionados ao lucro líquido.

Para que uma despesa seja dedutível, na base de cálculo do IRPJ e da CSLL, deve atender às seguintes condições (RIR/1999, art. 299):

a) não ser computada como custo;
b) ser necessária à fonte produtora;
c) ser comprovada e escriturada;
d) ser contabilizada no período-base competente.

As *adições* podem ser *definitivas* ou *temporárias*. As primeiras não são aceitas pelo fisco porque não guardam relação direta com a fonte produtora, ou seja, não são necessárias à manutenção da respectiva fonte produtora, consistindo mera liberalidade da empresa; as últimas referem-se a despesas que não são aceitas no exercício em que foram contabilizadas, mas o serão no futuro.

No primeiro grupo (adições definitivas) podemos citar, a título de exemplo, brindes, gastos com veículos de diretores, aluguéis de imóveis residenciais para diretores, multas de trânsito etc. Entre as adições temporárias, destacam-se as provisões que não são dedutíveis no momento de sua constituição, mas serão no futuro em virtude da reversão da provisão ou da ocorrência de perda efetiva. Nesse caso, a contabilidade requer o princípio do conservadorismo, enquanto a legislação fiscal, na Lei nº 9.430/1996, em seus arts. 9º a 14, requer a confrontação entre receita e despesa.

Assim como as despesas devem atender a certas condições e limites para que sejam consideradas dedutíveis, existem algumas regras que atribuem tratamento especial para determinados tipos de receitas. São valores que foram reconhecidos como ganho pela contabilidade, mas a norma fiscal não exige sua tributação. Assim, essas receitas, embora reconhecidas contabilmente, não compõem a base de cálculo da tributação sobre o lucro. Fazendo sua exclusão, estaremos anulando seu efeito no resultado do exercício.

Entre as *exclusões definitivas*, encontram-se as receitas de dividendos e os resultados positivos de equivalência patrimonial, tendo em vista que já foram tributados na empresa investida.

As *exclusões temporárias* decorrem do reconhecimento de receitas pela contabilidade, por meio do regime de competência (disponibilidade jurídica), mas a norma fiscal só a exige pelo regime de caixa (disponibilidade econômica). Os casos clássicos dessas exclusões são decorrentes de contratos de longo prazo e contratos com pessoa jurídica de direito público ou empresa sob controle. Para fins de determinação do lucro real, o lucro líquido contábil, depois de ajustado pelas adições e exclusões previstas ou autorizadas pela legislação do IRPJ, poderá ser reduzido pela compensação de prejuízos fiscais em até 30%. Consequentemente, o saldo dos prejuízos fiscais e da base negativa da CSLL não compensados em função dessa limitação (30% do lucro do período) poderá ser utilizado nos anos-calendário subsequentes.

Já a pessoa jurídica que explora atividade rural poderá compensar prejuízos fiscais de exercícios anteriores com o lucro fiscal do período, não se aplicando o limite de 30% (Instrução Normativa SRF nº 257/2002). Também é admitida à pessoa jurídica que explora esse tipo de atividade a depreciação integral, no próprio ano-calendário de aquisição, dos bens do ativo imobilizado quando destinados à produção.

Exemplo de cálculo do lucro real

Consideremos os dados a seguir da empresa Navio Fantasma Ltda. no ano-calendário de 2015:

Lucro contábil	600.000,00
Adições, conforme Lalur	50.000,00
Exclusões, conforme Lalur	110.000,00

O livro Lalur da empresa, em sua parte "B" (onde as adições e exclusões temporárias são escrituradas), indica um prejuízo fiscal de exercícios anteriores, no montante de R$ 250 mil.

Com base nessas informações, vamos calcular o IRPJ e a CSLL, bem como o saldo remanescente da conta de prejuízos fiscais:

	R$
Lucro contábil	600.000,00
Adições	50.000,00
Exclusões	110.000,00
Lucro fiscal antes da compensação de prejuízos	540.000,00
Compensações de prejuízos	162.000,00
Lucro real	378.000,00

Cálculos:

IRPJ: 378.000,00 × 0,15 + (378.000,00 – 240.000,00) × 0,10 = 70.500,00

CSLL: 378.000,00 × 0,09 = 34.020,00

O saldo remanescente da conta de prejuízos fiscais, no final do exercício de 2015, foi de R$ 88.000,00 (250.000,00 – 162.000,00).

Participações nos lucros

As participações dos empregados nos lucros ou resultados das empresas são dedutíveis do IRPJ e da CSLL como se despesa fosse sem qualquer limitação. O pagamento na forma de participação nos lucros ou resultados a empregados não constitui salário, fato que resguarda a empresa de problemas trabalhistas. Tais pagamentos também não estão sujeitos ao INSS e ao FGTS. Contudo, para que a empresa usufrua a dedutibilidade da participação dos empregados em seus lucros, é necessário que, entre um pagamento e outro, decorra um prazo mínimo de seis meses. Além disso, há que ser instituído um programa que estabeleça a forma e as condições de pagamento, negociado com uma comissão de empregados integrada por um representante do sindicato da categoria, sendo dispensada a constituição da comissão caso conste de acordo ou convenção coletiva.

Juros sobre capital próprio (JCP)

A Lei nº 9.249/1995, além de extinguir a correção monetária das demonstrações contábeis a partir do ano de 1996, trouxe outra novidade: possibilitou a dedutibilidade das importâncias pagas ou creditadas aos sócios ou acionistas das pessoas jurídicas a título de juros sobre o capital próprio.

A pessoa jurídica poderá deduzir, para efeitos da apuração do lucro real e da base de cálculo da CSLL, os juros pagos ou creditados individualmente a titular, sócios ou acionistas, a título de remuneração do capital próprio, calculados sobre as contas do patrimônio líquido ajustado e limitado à variação, *pro rata* dia da taxa de juros de longo prazo (TJLP), conforme art. 9º da Lei nº 9.249/1995.

O mesmo art. 9º, com a redação dada pela Lei nº 12.973/2014, determina que deverão ser consideradas exclusivamente as seguintes contas do patrimônio líquido: capital social, reservas de capital, reservas de lucros, ações em tesouraria e prejuízos acumulados.

O Conselho Monetário Nacional (CMN) fixa, para cada trimestre, a TJLP, sendo necessário calcular a taxa equivalente mensalmente até chegar à taxa acumulada ao ano. Contudo, a Secretaria da Receita Federal (SRF) não definiu se a taxa deve ser calculada de forma exponencial ou linear. O Banco Central do Brasil (Bacen) pronunciou-se a respeito do cálculo de JCP para o exterior e sugeriu, por meio do anexo à Carta Circular nº 2.722/1996, que se adotasse o cálculo exponencial.

O valor dos juros pagos ou creditados para efeito de dedução como despesa financeira é apurado pela aplicação da TJLP sobre o patrimônio líquido inicial e não poderá exceder 50% do maior entre os seguintes valores: (a) lucro líquido correspondente ao período de apuração dos juros, após a dedução da CSLL ou (b) saldos de reservas de lucros de períodos anteriores. E esse valor dos juros a título de remuneração do capital próprio poderá ser imputado ao valor dos dividendos mínimos obrigatórios, sem prejuízo do pagamento do imposto de renda na fonte.

O valor dos JCP considera-se creditado, de forma individualizada,

> quando a despesa for registrada, na escrituração contábil da pessoa jurídica, em contrapartida a conta ou subconta de seu passivo exi-

gível, representativa de direito de crédito do sócio ou acionista da sociedade ou do titular da empresa individual [sujeito à incidência do imposto de renda na fonte] [IN SRF nº 41/1998, art. 1º].

O valor dos juros pagos ou creditados pela pessoa jurídica, a título de remuneração do capital próprio se sujeita à incidência do imposto de renda na fonte à alíquota de 15%, na data do pagamento ou crédito, conforme a Lei nº 9.249/1995, em seu art. 9º, §§ 2º e 3º. Caso o beneficiário dos juros sobre o patrimônio líquido seja pessoa física ou pessoa jurídica isenta, o imposto retido na fonte será considerado tributação definitiva, classificada como exclusivamente na fonte.

Tratando-se de beneficiária pessoa jurídica tributada pelo lucro real, os juros recebidos integrarão o resultado para fins de IRPJ e de CSLL, e o imposto sobre eles retido será considerado antecipação do devido na declaração de rendimentos ou poderá ser compensado com aquele a ser recolhido sobre os juros pagos por ela a seus sócios.

Quando se tratar de distribuição de juros sobre capital próprio (JCP) a sócio pessoa física, empresa com prejuízo ou residente no exterior, é inegável a vantagem tributária para a empresa que opta por essa sistemática em substituição ao pagamento de dividendos ou distribuição de lucros. De imediato, terá direito à dedução da despesa financeira correspondente da base de cálculo do IRPJ e da CSLL, resultando no benefício de 19% da diferença de alíquotas (34% – 15%).

Contudo, em relação ao JCP, não se deve esquecer a incidência do PIS e da Cofins para a pessoa jurídica que perceber o rendimento, notadamente com a elevação das alíquotas dessas contribuições na forma de apuração da não cumulatividade, conforme explicitaremos no capítulo 3, página 112, quando tratamos da não cumulatividade do PIS e da Cofins. Assim, quanto maior for o grupo de empresas, maior deverá ser o cuidado na distribuição do JCP, podendo mesmo ficar inviabilizada sua adoção, tendo em vista que há incidência do PIS e da Cofins sobre essa receita financeira.

Os grandes conglomerados são os mais atingidos, pois os juros não são pagos diretamente a um sócio pessoa física, mas sim a um grupo de empresas, resultando na incidência de 9,25% (PIS + Cofins) a cada pagamento, sem direito a crédito na apuração da base de cálculo dessas contribuições. Assim, haverá incidência do PIS e da Cofins em cada pagamento a título de JCP a cada empresa do grupo econômico.

Evitando essa incidência em cascata do PIS e da Cofins a cada empresa do grupo, alguns contribuintes adotam a sistemática de pagarem JCP a uma *holding* no exterior, e esta repassa às empresas sediadas no Brasil, em virtude de remessas ao exterior não terem incidência dessas contribuições sobre receitas de JCP.

Remuneração dos sócios: qual a melhor opção?

Uma questão relevante para a empresa é a remuneração de seus sócios. Entre as alternativas possíveis, qual a melhor opção? A empresa poderá optar por distribuição de lucros, pagamento de JCP ou pagamento de pró-labore. Tomemos o exemplo da Comercial Prometeu Ltda., optante pelo regime de apuração de lucro real, que planeja remunerar seus sócios pessoas físicas no montante de R$ 200 mil. Tendo por pressuposto a demonstração de resultado e a memória de cálculo nas tabelas 12 e 13, vamos determinar a forma de remuneração que resulta em menor carga tributária.

Tabela 12

Remuneração dos sócios

	Distribuição dos lucros	JCP	Pró-labore
Receita líquida	1.265.250,00	1.265.250,00	1.265.250,00
CMV	700.250,00	700.250,00	700.250,00
Lucro bruto	565.000,00	565.000,00	565.000,00
Despesas administrativas	65.000,00	65.000,00	265.000,00
Despesas com vendas	100.000,00	100.000,00	100.000,00
Despesas financeiras (1)	0	200.000,00	0
Despesas INSS (patronal) (2)	0	0	40.000,00
LAIR	400.000,00	200.000,00	160.000,00
IR + CSLL (3)	136.000,00	68.000,00	54.400,00
Lucro líquido	264.000,00	132.000,00	105.600,00

Notas: (1) O valor corresponde ao pagamento de JCP; (2) O valor corresponde à incidência de 20% sobre o pagamento de pró-labore; (3) Considerou-se a alíquota de 34%.

Das informações extraídas da tabela 12, evidencia-se, na tabela 13, a carga tributária em cada alternativa até agora apresentada.

Tabela 13

Resumo da carga tributária da PJ e dos sócios

Tributos incidentes	Distribuição de lucros	JCP	Pró-labore
IRPJ + CSLL	136.000,00	68.000,00	54.400,00
IRRF (15%)	-	30.000,00	
IRPF (27,5%) BC = (200.000 - 40.000)	-	-	44.000,00
INSS (20%)	-	-	40.000,00
Total	**136.000,00**	**98.000,00**	**138.400,00**

Pela tabela 12 e em função dos cálculos que demonstramos na tabela 13, concluímos que a melhor alternativa para remunerar os sócios é por meio dos JCP. Contudo, há restrições a essa forma de remuneração, tratando-se de conglomerados econômicos, como comentado no item anterior.

Rendimentos de participações societárias avaliados pelo valor do patrimônio líquido

Os resultados obtidos por uma companhia que detenha o controle (mais de 50% do capital votante) de outra companhia é reconhecido contabilmente como "resultado de equivalência patrimonial", significando o reconhecimento, na demonstração do resultado da investidora, do ganho ou perda proveniente de sua participação societária no lucro ou prejuízo da sociedade investida.

O ganho e a perda são denominados "resultado de equivalência patrimonial" (REP) e não são computados na apuração do lucro real da empresa investidora. O REP positivo é excluído do lucro do exercício da investidora, visto que esse aumento de valor patrimonial já foi tributado quando da apuração do imposto de renda sobre os lucros da empresa investida, não devendo ser tributado novamente na investidora. Já o REP negativo é adicionado ao lucro do exercício, haja vista que essa perda já reduziu o resultado fiscal da investida.

A legislação societária (Lei nº 6.404/1976, art. 248, com a redação dada pela Lei nº 11.941/2009) determina que, no balanço patrimonial da companhia, os investimentos em coligadas ou em controladas e em outras sociedades que façam parte de um mesmo grupo ou estejam sob controle comum serão avaliados pelo método da equivalência patrimonial.

Considera-se controlada, segundo Lei nº 6.404/1976, art. 243, § 2º, com a redação dada pela Lei nº 11.941/2009,

> a sociedade na qual a controladora, diretamente ou através de outras controladas, é titular de direitos de sócio que lhe assegurem, de modo permanente, preponderância nas deliberações sociais e o poder de eleger a maioria dos administradores.

Considera-se que há influência significativa, de acordo com a Lei nº 6.404/1976, art. 243, § 4º (incluído pela Lei nº 11.941/2009), "quando a investidora detém ou exerce o poder de participar nas decisões das políticas financeira ou operacional da investida, sem controlá-la".

Presume-se influência significativa (Lei nº 6.404/1976, art. 243, § 5º, incluído pela Lei nº 11.941/2009), "quando a investidora for titular de 20% (vinte por cento) ou mais do capital votante da investida, sem controlá-la".

Por exemplo, a investidora ABC adquiriu 50% de participação no capital votante da investida XYZ, por seu valor contábil. Posteriormente, a investida XYZ apresentou um lucro líquido no exercício, no valor de $ 12.000.000. Nesse contexto, a ABC contabilizaria então a aquisição desse investimento pelo método de equivalência patrimonial e, em seguida, ajustaria em mais $ 6.000, em virtude do lucro obtido após a aquisição, registrando, como contrapartida, um ganho no seu resultado de igual valor. Caso a investida tivesse um prejuízo, a investidora reduziria seu investimento e registraria uma perda no mesmo montante.

Figura 2

Método de equivalência patrimonial

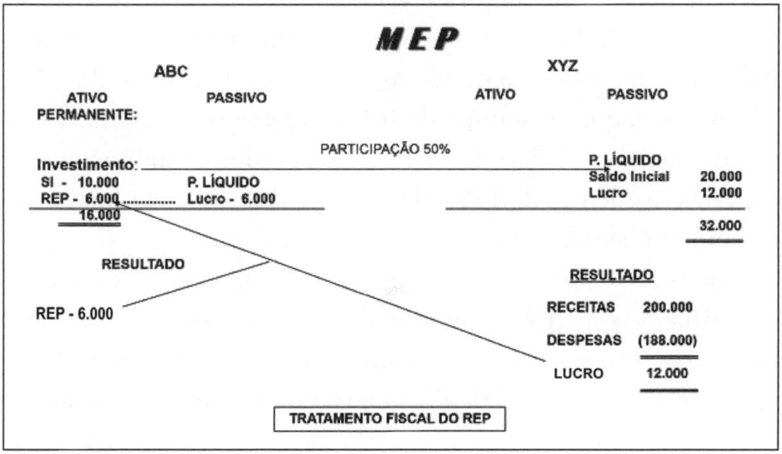

A figura 2 evidencia a participação societária, bem assim o ganho obtido por equivalência patrimonial.

Lucros e dividendos recebidos

Decorrem de investimentos em participações societárias não avaliadas pelo método da equivalência patrimonial. Devem, também, ser excluídos do lucro do exercício por já terem sido tributados na investida.

Considerações finais

Neste capítulo, evidenciamos as formas de apuração do IRPJ e da CSLL, com exemplos para cada uma delas. Efetuamos simulações entre o Simples Nacional e o lucro presumido com diferentes tamanhos de empresas e concluímos que, à medida que a empresa vai se avizinhando do limite superior do Simples (R$ 3,6 milhões), sua carga tributária aproxima-se do lucro presumido, considerando-se que a empresa esteja enquadrada nos anexos I ou II. Na sistemática pelo lucro real, demonstramos que uma alternativa a ser considerada para remuneração de sócios é a adoção do cálculo dos JCP. No entanto, essa economia de tributos pode ser anulada caso o pagamento dos JCP se dê em conglomerados econômicos, por conta da incidência do PIS e da Cofins sobre a receita financeira na empresa beneficiária.

Na análise dos rendimentos de participações societárias, classificamos os investimentos do ponto de vista de sua avaliação, discutimos os casos em que se deve adotar o método de equivalência patrimonial, além de tratarmos de aspectos fiscais dos dividendos.

No próximo capítulo, o leitor terá a oportunidade de assimilar os aspectos de incidência dos impostos sobre faturamento, evidenciando, inclusive, uma abordagem gerencial na determinação do preço de venda, a partir de estruturas de custos para contribuintes optantes pelo lucro presumido e pelo lucro real, com fixação de margem de lucro.

3
Tributos incidentes sobre o faturamento

Neste capítulo, apresentaremos as principais características dos tributos diretamente vinculados ao faturamento das empresas e algumas particularidades, limitando-se nosso estudo ao IPI, ICMS, ISS e às contribuições sociais (Cofins e PIS). Demonstraremos a maneira pela qual os tributos são apurados e como devem ser computados na receita bruta de bens e serviços.

Comentaremos individualmente os aspectos materiais e temporais de incidência dos tributos mencionados e destacaremos as pessoas nomeadas contribuintes ou responsáveis por determinação legal, assim como os componentes relevantes na apuração da base de cálculo de cada um dos tributos e as alíquotas comumente utilizadas, ou como localizá-las quando específicas por produtos.

Ao final do capítulo, analisaremos a formação de preços, considerando os tributos incidentes. Partindo da aquisição de matéria-prima por uma indústria, passando por sua estrutura de custos e uma margem de lucro determinada pela administração da empresa, determinaremos seu preço de venda com destino a uma empresa comercial, a qual revenderá os bens adquiridos.

Legislação do imposto sobre produtos industrializados (IPI)

Incidência do imposto

O IPI incide sobre produtos industrializados nacionais ou estrangeiros, obedecidas as especificações da tabela de incidência do imposto sobre produtos industrializados (Tipi), conforme Decreto nº 7.212/2010 (Ripi), art. 2º. Na Tipi, no Decreto nº 7.660/2011, com alterações posteriores, constam alíquotas, zero ou positivas, e a expressão NT, que significa "não tributado".

Os produtos NT são considerados não industrializados, portanto fora do campo de incidência do imposto. Os produtos imunes, segundo a CF/1988, aparecem na Tipi tanto com a sigla NT quanto com alíquotas positivas (papel para impressão de livros, jornais e periódicos), tornando imprescindível a atenção de quem a manuseia. Os imunes que constam da Tipi com anotação NT são aqueles que têm imunidade objetiva, por exemplo, energia elétrica, livros, jornais e periódicos. Os imunes que constam na Tipi com alíquota positiva são produtos que têm imunidade subjetiva, ou seja, dependem de sua destinação. Assim, um móvel é produto tributado pelo IPI, mas se destinado à exportação goza de imunidade.

Produto industrializado é aquele resultante de uma operação de industrialização, ainda que incompleta, parcial ou intermediária. Industrialização, por sua vez, é toda "operação que modifique a natureza, o funcionamento, o acabamento, a apresentação ou a finalidade do produto, ou o aperfeiçoa para consumo" (Decreto nº 7.212/2010, art. 4º, *caput*). Para que uma operação se caracterize como de industrialização, são irrelevantes as condições do estabelecimento quanto ao maquinário empregado, instalações físicas ou regularidade formal.

O Ripi, conforme o Decreto nº 7.212/2010, art. 4º, enumera cinco tipos de operações que se enquadram no conceito de industrialização. São elas:

1. *Transformação* – a que faz surgir um produto novo a partir do processamento de matérias-primas ou produtos intermediários.
2. *Beneficiamento* – a que aperfeiçoa, aprimora ou modifica o funcionamento, a utilização, o acabamento ou a aparência de um determinado bem (que permanece o mesmo).
3. *Montagem* – consistente na reunião de partes ou peças para gerar um produto novo, ainda que sob a mesma classificação fiscal.
4. *Acondicionamento* ou *reacondicionamento* – colocação de embalagem que altere a apresentação do produto, a menos que a embalagem seja apenas para o transporte do mesmo.
5. *Renovação* ou *recondicionamento* – a que, exercida sobre produtos ou partes de produtos usados, recoloca-os em condições de uso.

O quadro demonstrativo 5 indica um resumo das operações de industrialização e suas características.

Quadro 5

Modalidades de industrialização

Modalidade	Ação sobre	Resultado
Transformação	Matéria-prima; produto intermediário	Espécie nova, classificação fiscal diversa
Beneficiamento	Produto novo	Mesmo produto aperfeiçoado
Renovação/recondicionamento	Produto usado	Mesmo produto renovado
Montagem	Produtos, partes e peças (reunião)	Novo produto ou unidade autônoma
Acondicionamento/ reacondicionamento	Produtos	Mesmo produto com nova apresentação

Exclusões do conceito de industrialização

Por expressa vontade do legislador ordinário, determinadas operações não são consideradas industrialização, conforme Decreto nº 7.212/2010 (Ripi), art. 5º. Em consequência, os produtos delas resultantes não são produtos industrializados, e os estabelecimentos que as realizem não são industriais.

Exemplos de exclusões:

- O preparo de produto de artesanato, assim entendido aquele realizado manualmente pelo artesão, sem o auxílio de terceiros assalariados. É necessário ainda que a produção artesanal seja vendida aos consumidores finais diretamente pelo artesão ou por meio de entidade associativa de que ele faça parte.
- Reunião de partes e peças fora do estabelecimento industrial de que resultem edificações (casas, pontes, edifícios, hangares, galpões e semelhantes); instalação de oleodutos, usinas hidrelétricas, torres de refrigeração, estações e centrais telefônicas, redes de distribuição de energia elétrica e obras afins, bem como a fixação de unidades ou complexos industriais ao solo.
- Conserto, renovação ou recondicionamento de produtos usados para uso da própria empresa executora ou de terceiros não estabelecidos com o comércio de tais produtos.

Em resumo, estão no campo de incidência do IPI os produtos de alíquota zero ou maior que zero (mesmo que isentos). Estão fora do campo aqueles produtos aos quais corresponda, na Tipi, a sigla NT e os excluídos do conceito de industrialização. No presente texto, a expressão "produto tributado" englobará os de alíquota zero e os isentos.

Os produtos imunes não pertencem ao campo de incidência, mas não devemos confundi-los com a não incidência simples. Poderíamos tratá-los como uma não incidência qualificada ou especial, tendo em vista sua origem constitucional, por supressão da própria competência impositiva ou poder de tributar.

Estabelecimentos equiparados a industrial

Com o intuito de evitar elisão fiscal, a legislação do IPI criou esta figura, por meio da qual estabelecimentos que não realizam qualquer operação de industrialização são, não obstante, vistos como se a tivessem realizado. Devem, por consequência, cumprir todas as obrigações atribuídas a um industrial. A maioria dos casos é de equiparação obrigatória, havendo também equiparação por opção.

A implicação da condição de equiparado é que, nas saídas de produtos desses estabelecimentos, haverá fato gerador do imposto. Analogamente aos estabelecimentos industriais, a caracterização como estabelecimento equiparado a industrial requer que os produtos estejam no campo de incidência do IPI.

Vamos abordar, a seguir, as hipóteses de equiparação mais importantes do Ripi (Decreto nº 7.212/2010, art. 9º).

1. Os importadores de produtos estrangeiros quando dão saída aos produtos por ele importados.
2. Os estabelecimentos que recebem, diretamente da repartição aduaneira que efetuou o desembaraço, produtos importados por outro estabelecimento da mesma firma. É oportuno ressaltar que o estabelecimento que recebe os produtos tanto pode ser atacadista quanto varejista.
3. As filiais atacadistas que comercializam produtos importados ou industrializados por outro estabelecimento da mesma firma. Também são equiparados os estabelecimentos atacadistas que comercializem produtos remetidos por outro estabelecimento da mesma firma, que os tenha mandado industrializar por encomenda.
4. Os estabelecimentos comerciais (atacadistas ou varejistas) que mandarem industrializar produtos em outro estabelecimento, da mesma firma ou de terceiros, mediante a remessa

de matérias-primas, produtos intermediários, embalagens, recipientes, moldes, matrizes ou modelos (industrialização por encomenda).

5. Os estabelecimentos industriais quando derem saída, para outros estabelecimentos industriais ou revendedores, de matérias-primas, produtos intermediários ou material de embalagem adquiridos para emprego no seu processo industrial. A equiparação aqui é para a simples revenda (ou saída a qualquer título), quando, por qualquer razão, o estabelecimento industrial não emprega os insumos em seu próprio processo.
6. Os estabelecimentos comerciais atacadistas que adquirirem, de estabelecimentos importadores, produtos de procedência estrangeira classificados nas posições 3303 a 3307 – perfumes, produtos de maquilagem, cremes para barbear, desodorantes etc. (MP nº 2.158-35/2001, art. 39). Estes produtos de origem nacional também estão sujeitos à incidência do IPI, por ocasião de sua saída promovida por estabelecimentos atacadistas (Decreto nº 8.393/2015).
7. Os comerciantes atacadistas podem se equiparar (equiparação por opção) nas saídas de bens de produção para industriais ou revendedores. Vale enfatizar que, uma vez feita a opção, deve ser adotada para todas as saídas até que o estabelecimento formalize sua desistência.
8. Os estabelecimentos, atacadistas ou varejistas, que adquirirem produtos de procedência estrangeira, importados por sua conta e ordem, por intermédio de pessoa jurídica importadora. A operação de comércio exterior realizada nessas condições, quando utilizados recursos de terceiros, presume-se por conta e ordem deste terceiro.

Para compreensão dos casos de equiparação aqui apresentados, entende-se, regra geral, como atacadista, aquele estabelecimento comercial que vende em grandes quantidades a industriais ou a revendedores, e não efetua vendas a consumidores finais. Além desses, o art. 14 do Ripi também considera atacadistas aqueles estabelecimentos que vendem bens de produção (definidos no art. 519), em qualquer quantidade, a industriais ou revendedores e a particulares em quantidade que exceda a normalmente destinada ao seu próprio, uso ou bens de consumo em quantidade superior àquela normalmente destinada a uso próprio do adquirente.

Por exclusão, varejista é o estabelecimento que vende diretamente ao consumidor final, podendo efetuar vendas esporádicas por atacado, consideradas esporádicas as que não ultrapassem 20% do total de suas vendas num mesmo semestre civil.

O importador

O importador tanto pode ser uma pessoa física quanto um estabelecimento. Este tanto pode ser estabelecimento industrial quanto comercial (atacadista ou varejista) ou mesmo um simples escritório que não pratique qualquer operação comercial.

Todos eles, ao promoverem o desembaraço aduaneiro de um produto que esteja no campo de incidência do IPI, são contribuintes do imposto. Note-se que o importador que der saída ao produto que importou é contribuinte em dois momentos: no desembaraço e na saída. Neste último caso, na condição de estabelecimento equiparado a industrial.

Fato gerador do imposto

São duas as hipóteses, definidas no Decreto nº 7.212/2010, art. 35 do Ripi:

I – o desembaraço aduaneiro de produto de procedência estrangeira; ou
II – a saída de produto do estabelecimento industrial ou equiparado a industrial.

Logicamente, em ambos os casos, o produto deve estar no campo de incidência do imposto. Embora não esteja explícito no texto, as saídas que caracterizam a ocorrência do fato gerador são:

a) no caso do estabelecimento industrial, a do produto nele industrializado ou dos insumos remetidos a outro industrial ou revendedor;
b) no caso do estabelecimento equiparado a industrial, a saída do produto pelo qual o estabelecimento foi equiparado.

Não será considerada hipótese de ocorrência de fato gerador quando o estabelecimento promover a saída de produtos fabricados por terceiros, considerados revenda de mercadorias.

Outras hipóteses de fato gerador

O Ripi (Decreto nº 7.212/2010), art. 36, elenca situações para as quais se considera ocorrido o fato gerador (FG). Trata-se de casos em que não ocorre exatamente uma saída física de um estabelecimento industrial ou equiparado, mas uma operação que deve ser tributada. Destacamos a seguir.

1. A saída da repartição aduaneira nos casos em que, por ordem do importador, os produtos por ele importados forem remetidos diretamente a terceiros.
2. Venda e consumo de produto no próprio estabelecimento que o produz. O fato gerador (FG) ocorre no momento da venda. Note-se que este FG somente ocorre no caso de venda; portanto, se não houver a transmissão de propriedade, o

simples consumo do bem no próprio estabelecimento que o industrializa não é fato gerador do IPI.

3. Operação de industrialização realizada fora do estabelecimento industrial. O FG ocorre na conclusão da operação. Considera-se concluída a operação industrial e ocorrido o FG na data da entrega do produto ao adquirente ou na data em que se iniciar seu consumo ou sua utilização, se anterior à formalização da entrega.

O Regulamento do IPI, ao afirmar que o título jurídico de que decorra o fato gerador (saída ou outro evento) ou a finalidade a que se destine o produto é irrelevante para desobrigar o contribuinte do pagamento do imposto correspondente, é esclarecedor quanto ao alcance da incidência do imposto. O objetivo é explicar que essa incidência se dá pela ocorrência dos respectivos fatos geradores, em todas as saídas de produtos do estabelecimento industrial, ou equiparado, seja a título de venda, locação, arrendamento, comodato, doação, cessão a título gratuito, transferência para outro estabelecimento da mesma firma, demonstração, exposição, teste, uso ou consumo fora do estabelecimento. Tal afirmativa também é válida para os demais eventos definidos como hipóteses de ocorrência do fato gerador do imposto, inclusive o desembaraço aduaneiro de produtos exportados.

Base de cálculo

A base de cálculo do IPI veio a ser definida pela legislação infraconstitucional e, em regra geral, é o valor da operação pela qual a mercadoria deixa o estabelecimento do industrial ou de um comerciante a ele equiparado, em geral evidenciando um negócio juridicamente econômico, ou seja, uma operação de compra e venda (Decreto nº 7.212/2010), arts. 190 a 197).

Já no caso de importação, a base de cálculo do IPI, além do valor das mercadorias, é acrescida do valor do imposto sobre importação e das despesas aduaneiras efetivamente pagas, necessárias ao desembaraço das mercadorias.

Discutiu-se muito a questão da incidência do ICMS na base de cálculo do IPI quando a operação configure fato gerador de ambos, sendo esta a intenção da Fazenda federal, há muito manifestada por meio dos pareceres normativos do Coordenador do Sistema de Tributação (CST) n°s 39/1970 e 341/1971. A doutrina e a jurisprudência, de igual forma, compartilham esse entendimento, com a justificativa de que o montante do ICMS integra o valor da operação e, portanto, se o IPI tem como base de cálculo o valor da operação, neste, obrigatoriamente, encontra-se incluído o valor do imposto de competência estadual.

A regra geral, para efeitos de determinação da base de cálculo do IPI, é o valor da operação de que decorra a saída do estabelecimento industrial ou equiparado a industrial (Ripi/2010, art. 190, II, cuja matriz legal é o art. 14, II, da Lei nº 4.502/1964, com a redação dada pelo art. 15 da Lei nº 7.798/1989).

No valor tributável do IPI incluem-se as despesas acessórias debitadas ao comprador ou destinatário, inclusive frete, sem dedução de descontos, abatimentos ou diferenças, a qualquer título, ainda que incondicionalmente (Ripi/2010, art. 190, §§ 1º, 2º e 3º, com a redação dada pelo art. 15 da Lei nº 7.798/1989).

Vale lembrar que essa regra acerca de descontos incondicionais conflita com decisão do Supremo Tribunal Federal (STF) do ano de 2014, que definiu, por unanimidade, que o IPI deve incidir sobre o preço final dos produtos vendidos, já deduzidos descontos que tenham sido oferecidos ao adquirente.

O STF manteve a decisão tomada pelo Tribunal Regional da Quarta Região, contra a qual a Fazenda Nacional havia recorrido.

A ação julgada pelo STF teve repercussão geral e afeta todos os demais processos que tratam desse tema (RE nº 567.935/SC).

Por unanimidade, o STF entendeu que o valor dos descontos incondicionais não integra a base de cálculo do IPI. A decisão foi tomada pelo Plenário, seguindo o voto do relator do caso, ministro Marco Aurélio, que declarou inconstitucional o § 2º do art. 14 da Lei nº 4.502/1964, com redação dada pelo art. 15 da Lei nº 7.798/1989, apenas no tocante à inclusão dos descontos incondicionais na base de cálculo do tributo.

O STF entendeu que a inclusão de novo fato gerador por meio de lei ordinária violou o art. 146, III, "a", da Constituição Federal, que reserva essa competência unicamente à lei complementar. A decisão ocorreu no julgamento do Recurso Extraordinário (RE) nº 567.935/SC, apresentado pela União contra acórdão do Tribunal Regional Federal da Quarta Região, que deu parcial provimento à apelação para reconhecer a uma empresa o direito de excluir o valor dos abatimentos incondicionais do cálculo do tributo. O RE teve repercussão geral reconhecida pelo Plenário virtual e a solução afetará mais de 100 casos semelhantes que estão sobrestados na Justiça Federal.

O ministro Marco Aurélio (STF) destacou que, pela ótica contábil ou jurídica, desconto incondicional é aquele concedido independentemente de qualquer condição, não sendo necessário que o comprador pratique qualquer ato subsequente ao de compra para fazer jus ao benefício e que, uma vez concedido, não será pago. "Ou seja, os valores abatidos repercutem no preço final, o produtor não recebe, mas está compelido a recolher o imposto".

Ele argumentou que, ao incluir essa modalidade de abatimento de preços no cálculo do imposto por meio de lei ordinária, foi invadida a competência de lei complementar. O ministro observou que fatos geradores, bases de cálculo e contribuintes dos impostos previstos na Constituição estão fixados no CTN, cabendo ao legislador ordinário papel limitado na instituição de impostos, apenas com o objetivo de harmonizar o sistema impositivo. O ministro sustentou que o legislador ordinário federal, ao instituir os impostos, deve observar o regramento básico relativo a fato gerador, base de cálculo e sujeito passivo, sob pena de incorrer em inconstitucionalidade formal.

Ressaltou que, embora proveniente do Congresso Nacional, a lei complementar, por revelar normas gerais em matéria tributária, ou seja, por dispor sobre interesses de todas as unidades federativas, é lei do Estado nacional e vincula as pessoas constitucionais que compõem a federação, incluída a União, sem que isso represente lesão ao princípio federativo. "Em outras palavras, a lei complementar está a serviço da Constituição e não da União Federal".

Créditos básicos do IPI

De acordo com o Ripi/2010,

> Art. 226. Os estabelecimentos industriais e os que lhes são equiparados poderão creditar-se (Lei nº 4.502, de 1964, art. 25):
> I – do imposto relativo a matéria-prima, produto intermediário e material de embalagem, adquiridos para emprego na industrialização de produtos tributados, incluindo-se, entre as matérias-primas e os produtos intermediários, aqueles que, embora não se integrando ao novo produto, forem consumidos no processo de industrialização, salvo se compreendidos entre os bens do ativo permanente; [...]

Observa-se que o dispositivo regulamentar do crédito básico do IPI a que o estabelecimento industrial tem direito está dividido em duas partes, a primeira referindo-se às matérias-primas, aos produtos intermediários e ao material de embalagem; a segunda, relacionada às matérias-primas e aos produtos intermediários que, embora não se integrando ao novo produto, sejam consumidos no processo de industrialização. Note-se, ainda, que, enquanto na primeira parte da norma, matérias-primas e produtos intermediários são empregados *stricto sensu*, a segunda usa tais expressões em seu sentido lato: qualquer que, embora não se integrando ao produto em fabricação, se consome na operação de industrialização, nos termos do Parecer Normativo SRF nº 65/1979.

De acordo com a segunda parte anteriormente mencionada, geram direito ao crédito, além dos insumos que se integram ao produto final (matérias-primas e produtos intermediários *stricto sensu* e material de embalagem), quaisquer outros bens, desde que não contabilizados pelo contribuinte no seu ativo não circulante, que sofram, em função de sua ação exercida diretamente sobre o produto em sua fabricação, ou por ele diretamente sofrida, alterações tais como desgaste, dano ou perda de propriedades físicas ou químicas. Assim, fazem jus ao crédito as lixas, lâminas de serra, catalisadores, corpos moedores usados na fabricação de cimento, as ferramentas manuais e as intermutáveis, bem como quaisquer outros bens que, não sendo partes nem peças de máquinas, independentemente de suas qualificações tecnológicas, se consumirem em decorrência de um contato físico, ou melhor, de uma ação diretamente exercida sobre o produto em fabricação, ou por este diretamente sofrida. Não havendo tais alterações, ou havendo em função de ações exercidas indiretamente, ainda que se deem rapidamente e mesmo que os produtos não estejam compreendidos no ativo permanente, inexiste o direito ao crédito, como nos casos de reposições de partes, peças e acessórios de máquinas, equipamentos e instalações, bem como nas aquisições de tintas e lubrificantes empregados na manutenção de máquinas e equipamentos.

Exemplo de cálculo do IPI

A Industrial Olímpica promoveu a saída de mil unidades de produtos de fabricação própria por R$ 45,00 a unidade, cobrando separadamente, na nota fiscal, R$ 2.000,00 a título de frete e R$ 1.500,00 a título de seguro. Supondo uma alíquota prevista na tabela de incidência do IPI (Tipi) de 10%, vamos calcular o IPI devido na operação.

	R$
Valor do produto (sem IPI)	45.000,00
(+) Despesa acessória de frete	2.000,00
(+) Despesa acessória de seguro	1.500,00
= Base de cálculo do IPI	48.500,00
Valor do IPI devido	**4.850,00**

Imposto sobre circulação de mercadorias e prestação de serviços (ICMS)

A Constituição de 1988 concedeu competência tributária aos estados e ao Distrito Federal para instituírem o imposto sobre operações relativas à circulação de mercadorias e serviços de transporte intermunicipal e interestadual e de comunicação (ICMS), mais conhecido antes como ICM e que ganhou o "S" na Carta Magna.

Pêgas (2014:167) ressalta que

> o ICMS está presente em nossa vida em quase todos os momentos. Quando tomamos o café da manhã, quando almoçamos, quando compramos um caderno, uma água mineral, quando ouvimos rádio ou ligamos a TV para assistir [a] um programa favorito, em todas essas situações há participação do ICMS.

A *Folha de S.Paulo* publicou, em 17 de janeiro de 2016, artigo da jornalista Raquel Landim em que é citado, entre outros, um estudo sobre a arrecadação do ICMS no ano de 2015, realizado pelo assessor econômico do Senado, Pedro Jucá Maciel, a pedido da *Folha*. Segundo Maciel (2016), "[...] trata-se do imposto mais importante do país em termos de arrecadação, representando, em 2014, o valor de R$ 318 bilhões, o equivalente a 5,6% do PIB brasileiro".

A participação de cada setor na arrecadação do ICMS está alinhada por sua importância no produto interno bruto. A figura 3 indica a importância relativa da participação percentual na arrecadação do ICMS por setor de atividade.

Figura 3
Participação da arrecadação do ICMS por setor de atividade

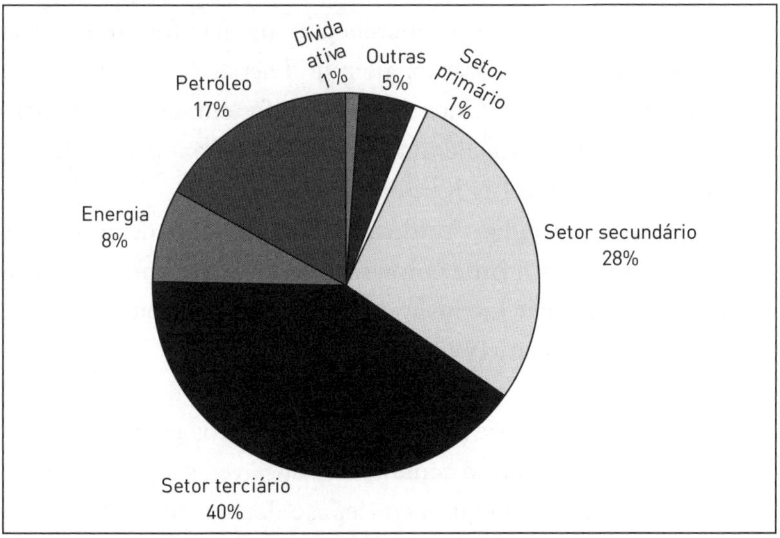

Fonte: Confaz/Ministério da Fazenda. Disponível em: <http://pedrojucamaciel.com/icms-um-retrato-da-economia-brasileira-em-2015-folha-de-sao-paulo-1712016/>. Acesso em: 10 ago. 2016.

O tributo incide sobre todas as etapas de circulação de mercadorias e em toda prestação de serviço que está sujeita ao ICMS, devendo haver emissão da nota fiscal. Em alguns estados, o ICMS é a maior fonte de recursos financeiros. Sua regulamentação constitucional está prevista na Lei Complementar nº 87/1996 (a chamada "Lei Kandir"), alterada posteriormente pelas leis complementares nºs 92/1997, 99/1999 e 102/2000. É um tributo não cumulativo e dispõe de um sistema de "créditos e débitos de ICMS" para sua apuração.

Incidência do imposto

O novo ordenamento jurídico possibilitou aos estados-membros a ampliação do campo de incidência do ICMS, em substituição ao antigo ICM. A constituinte dedicou especial atenção ao novo imposto, haja vista que a competência tributária foi direcionada para 26 unidades da federação, além do Distrito Federal. A nova Constituição destinou 12 incisos e parágrafos em seu art. 155 para tratar do novo imposto, além da Lei Complementar nº 87/1996, mais conhecida como Lei Kandir.

Pode parecer estranha a incidência do ICMS sobre determinados serviços, mas a constituinte optou tão somente pelas prestações de serviços de transporte (exclusive o municipal) e de comunicações. Nesse aspecto, Gaspar (1998:5) esclarece que

> [...] os impostos sobre circulação de produtos mercadorias ou serviços têm um núcleo comum indissociável, cabendo à lei determinar os casos em que a concepção de mercadoria fornecida prevalece sobre a prestação de serviços incluída ou os casos em que a hipótese é inversa.

A Lei Complementar nº 87/1996, atendendo às determinações contidas na Carta Magna, define o núcleo do campo de incidência do ICMS, que deverá estar refletido nos regulamentos de cada unidade da federação.

A seguir estão enumeradas as hipóteses de incidência do ICMS previstas na LC nº 87/1996:

> Art. 2º. O imposto incide sobre:
> I – operações relativas à circulação de mercadorias, inclusive o fornecimento de alimentação e bebidas em bares, restaurantes e estabelecimentos similares;
> II – prestações de serviços de transporte interestadual e intermunicipal, por qualquer via, de pessoas, bens, mercadorias ou valores;
> III – prestações onerosas de serviços de comunicação, por qualquer meio, inclusive a geração, a emissão, a recepção, a transmissão, a retransmissão, a repetição e a ampliação de comunicação de qualquer natureza;
> IV – fornecimento de mercadorias com prestação de serviços não compreendidos na competência tributária dos Municípios;
> V – fornecimento de mercadorias com prestação de serviços sujeitos ao imposto sobre serviços, de competência dos Municípios, quando a lei complementar aplicável expressamente o sujeitar à incidência do imposto estadual.
> § 1º. O imposto incide também:
> I – sobre a entrada de mercadoria ou bem importados do exterior, por pessoa física ou jurídica, ainda que não seja contribuinte habitual do imposto, qualquer que seja a sua finalidade; (Redação dada pela Lcp 114, de 16.12.2002)
> II – sobre o serviço prestado no exterior ou cuja prestação se tenha iniciado no exterior;
> III – sobre a entrada, no território do Estado destinatário, de petróleo, inclusive lubrificantes e combustíveis líquidos e gasosos dele derivados, e de energia elétrica, quando não destinados à comercialização ou à industrialização, decorrentes de operações

interestaduais, cabendo o imposto ao Estado onde estiver localizado o adquirente.

Contribuinte

Contribuinte será qualquer pessoa, física ou jurídica, que realize, com habitualidade ou em volume que caracterize intuito comercial, operações de circulação de mercadoria ou prestações de serviços de transporte interestadual e intermunicipal e de comunicação, ainda que as operações e as prestações se iniciem no exterior [LC nº 87/1996, art. 4º].

A legislação do ICMS requer habitualidade para caracterizar a relação direta do agente com o surgimento da obrigação tributária, exceto no caso de importação. Por exemplo: se a senhora Maria das Couves vende seu automóvel para sua amiga Mary Pink, embora tenha efetuado a transferência da propriedade e, portanto, a circulação jurídica e física do automóvel, não haverá incidência do imposto, considerando que a senhora Maria das Couves não tenha como atividade habitual a compra e venda de veículos.

Base de cálculo

A base de cálculo do ICMS na saída de mercadorias (independentemente do título jurídico da operação) é o valor da operação, e na prestação de serviços, o valor da prestação.

Vale acrescentar que qualquer despesa acessória debitada ao adquirente irá compor a base de cálculo do imposto (LC nº 87/1996, art. 13, § 1º), tais como: frete, juros, seguro e demais importâncias pagas, recebidas ou debitadas, bem como os descontos concedidos sob condição e o montante do próprio imposto.

ICMS importação

O fato gerador do ICMS na importação ocorre quando do desembaraço aduaneiro de mercadoria ou bem importado do exterior (Regulamento do ICMS).

O ICMS incidirá sobre a entrada de bem ou mercadoria importado do exterior por pessoa física ou jurídica, ainda que não seja contribuinte habitual do imposto, qualquer que seja sua finalidade, assim como sobre o serviço prestado no exterior, cabendo o imposto ao estado onde estiver situado o domicílio ou o estabelecimento do destinatário da mercadoria, bem ou serviço (Regulamento do ICMS).

Deve ser incluído na base de cálculo de ICMS incidente na importação de mercadorias e bens todo e qualquer imposto, taxa e contribuição, além de despesas aduaneiras, sendo estas entendidas como "os valores pagos ou devidos à repartição alfandegária até o momento do desembaraço da mercadoria, tais como taxas e os decorrentes de diferenças de peso, erro na classificação fiscal ou multa por infração" (Parecer Normativo nº 1, de 18 de janeiro de 2013, da Superintendência de Tributação, emitido pela Secretaria de Fazenda do Estado do Rio de Janeiro). O mencionado parecer cita o art. 4º, V, "e", do Decreto nº 2.657/1996 (Regulamento do ICMS/RJ).

> Entre outros valores, devem ser incluídos na referida base de cálculo a Taxa do Siscomex, o Adicional ao Frete para Renovação da Marinha Mercante (AFRMM), o ATA Aéreo, as contribuições ao PIS/PASEP-Importação, COFINS-Importação, CIDE e direitos antidumping [Parecer Normativo nº 1/2013, da Superintendência de Tributação da Secretaria de Fazenda do Estado do Rio de Janeiro, conclusão].

Em termos práticos, a base de cálculo do ICMS é calculada da seguinte forma:

Base de cálculo = (valor aduaneiro + II + IPI + PIS + Cofins + taxa Siscomex + demais despesas) ÷ (1 – alíquota devida do ICMS).

Valor do ICMS = base de cálculo × alíquota devida do ICMS.

As operações de mercado interno, definidas pelo Senado Federal, têm alíquotas diferentes do ICMS nas operações dentro da unidade da federação e aquelas interestaduais, de forma a possibilitar a distribuição da arrecadação entre os estados. Assim, no estado de São Paulo, por exemplo, a alíquota interna é de 18%, enquanto a alíquota interestadual para as regiões Sul e Sudeste é de 12%. Já nas saídas para o Espírito Santo e regiões Centro-Oeste, Norte e Nordeste, a alíquota interestadual é de apenas 7%. Nas operações internas entre essas regiões a alíquota é de 12%.

As saídas de mercadorias para essas regiões têm alíquota menor (7%) com o objetivo de incentivar os estados consumidores, por serem unidades da federação menos desenvolvidas.

Substituição tributária (ICMS-ST)

A substituição tributária é uma técnica de tributação que consiste em se deslocar a responsabilidade pelo pagamento do imposto devido por um contribuinte para uma terceira pessoa em relação a um determinado fato gerador, excluindo a responsabilidade do contribuinte ou atribuindo a este responsabilidade supletiva pelo cumprimento da obrigação tributária.

Regra geral, o tributo deve ser cobrado da pessoa que tira uma vantagem econômica do ato ou fato tributado. Nesse, manifesta-se a responsabilidade do contribuinte, ocorrendo a sujeição passiva direta.

Ocorre, porém, que muitas vezes é interesse do estado, por motivos de segurança ou economia, ou outra facilidade, cobrar o tributo de pessoa diversa daquela a que está diretamente ligada ou fato gerador: dá-se a sujeição passiva indireta. Tal sujeição ocorre quando o legislador cria o substituto tributário, ou seja, quando resolve substituir o destinatário legal tributário da relação jurídica principal. Surge, então, um só vínculo jurídico entre o sujeito ativo (fisco) e o sujeito passivo (substituto).

Nesse contexto, a LC nº 87/1996 define:

> Art. 6º. Lei estadual poderá atribuir a contribuinte do imposto ou a depositário a qualquer título a responsabilidade pelo seu pagamento, hipótese em que assumirá a condição de substituto tributário.
> § 1º. A responsabilidade poderá ser atribuída em relação ao imposto incidente sobre uma ou mais operações ou prestações, sejam antecedentes, concomitantes ou subsequentes, inclusive ao valor decorrente da diferença entre alíquotas interna e interestadual nas operações e prestações que destinem bens e serviços a consumidor final localizado em outro Estado, que seja contribuinte do imposto.

A atribuição de responsabilidade dar-se-á em relação a mercadorias ou serviços previstos em lei de cada estado.

Segundo Rosa (2012:108), a

> substituição de operações subsequentes (retenção do ICMS na fonte) é a sistemática mais utilizada pelos Estados, quando a lei exige do fabricante ou do importador que, ao vender para o comerciante, calcule à parte o valor presumido da venda futura do comerciante e já cobre na nota fiscal, em separado, o valor do ICMS retido por substituição tributária, em relação às operações subsequentes.

Nessa sistemática, há uma parcela do ICMS em que o fabricante ou importador é o contribuinte e outra parcela é o responsável por substituição, em relação à parte que seria devida pelo adquirente.

Legislação do PIS e da Cofins

A contribuição para o PIS foi instituída pela Lei Complementar nº 7/1970 com a finalidade de promover a integração do empregado na vida e no desenvolvimento da empresa, e para corrigir distorções da renda.

O art. 239 da Constituição Federal veio dar nova destinação ao produto da arrecadação dessas contribuições, as quais passaram a financiar o programa do seguro-desemprego e o abono anual de um salário mínimo aos empregados que percebam, de empregadores que contribuem para o PIS, até dois salários mínimos de remuneração mensal.

A Contribuição para o Financiamento da Seguridade Social (Cofins) foi instituída pela Lei Complementar nº 70/1991, sendo o produto de sua arrecadação destinado exclusivamente a cobrir despesas com atividades-fim das áreas de saúde, previdência e assistência social.

Em 2015, as contribuições do PIS e da Cofins totalizaram R$ 266,5 milhões, representando cerca de 21% do total de arrecadação das receitas administradas pela Secretaria da Receita Federal do Brasil, no montante R$ 1,242 bilhão.

Há diversas formas de apuração das contribuições para o PIS e a Cofins. É possível uma empresa coexistir com formas diferentes de apuração dessas exações, dependendo das receitas auferidas. Atualmente, há os seguintes regimes de apuração: cumulativo, não cumulativo, incidência com alíquota zero sem direito a crédito, alíquota zero com direito a crédito e suspensão (leis nºs 10.637/2002, 10.833/2003 e 10.865/2004).

Trataremos das duas formas mais usuais no mundo corporativo: regime cumulativo e não cumulativo. Estão sujeitos à sistemática da cumulatividade as empresas optantes pelo lucro presumido, enquanto o regime da não cumulatividade está direcionado para os optantes pelo lucro real, com a exclusão de alguns setores de atividade que, mesmo optando pelo lucro real, continuam apurando essas exações sob o regime da cumulatividade.

A Lei nº 10.637/2002, art. 8º disciplina os prestadores de serviços que estão excluídos do regime da não cumulatividade, mesmo sendo obrigados ao lucro real. A título exemplificativo, podemos citar: instituições financeiras e equiparadas, serviços de telecomunicações, transportes de passageiros, assistência médica, educação etc.

Regime cumulativo

No regime da cumulatividade, conforme a Lei nº 9.718/1998, o fato gerador é a receita bruta do contribuinte (receita da atividade-fim), consoante já estudado no capítulo 2, com as exclusões admitidas pela legislação tributária.

Esquematicamente, teríamos:

Receita bruta
(-) Exclusões:

a) das vendas canceladas;
b) dos descontos incondicionais concedidos;
c) do IPI;
d) do ICMS, quando destacado em nota fiscal e cobrado pelo vendedor dos bens ou prestador dos serviços na condição de substituto tributário;
e) das reversões de provisões.

Exemplo numérico de apuração do PIS e da Cofins no regime cumulativo

A empresa Industrial Grising Ltda. apresentou, em agosto de 2016, os seguintes valores em seu balancete mensal:

	R$
Receita de venda de produtos	350.000,00
– Vendas no mercado interno	300.000,00
– Vendas no mercado externo	50.000,00
Descontos incondicionais (mercado interno)	20.000,00
IPI destacado na nota fiscal	25.000,00
Vendas canceladas (mercado interno)	5.000,00

Determinação da base de cálculo:

Receita total	350.000,00
(-) Exportações	50.000,00
(-) Descontos incondicionais	20.000,00
(-) IPI destacado na nota fiscal	25.000,00
(-) Vendas canceladas	5.000,00
Base de cálculo	250.000,00

Cálculo dos valores devidos:

PIS = R$ 250.000,00 × 0,65% = R$ 1.625,00
Cofins = R$ 250.000,00 × 3 % = R$ 7.500,00

Regime da não cumulatividade

O fato gerador do PIS e da Cofins é o faturamento mensal, assim entendido o total das receitas auferidas pelas pessoas jurídicas, independentemente de sua denominação ou classificação contábil (leis n°s 10.637/2002 e 10.833/2003, art. 1º).

Base de cálculo

A base de cálculo é o valor do faturamento, conforme definido anteriormente (leis nºs 10.637/2002 e 10.833/2003, art. 1ºs, § 2º).

A partir de 1º de julho de 2015, foi restabelecida a incidência do PIS, com alíquota de 0,65%, e da Cofins, com alíquota de 4%, incidentes sobre receitas financeiras auferidas pelas pessoas jurídicas sujeitas ao regime de apuração não cumulativa das referidas contribuições (Decreto nº 8.426/2015, art. 1º).

Foram mantidas em 1,65% e 7,6%, respectivamente, as alíquotas das contribuições para o PIS e para a Cofins aplicáveis às receitas de juros sobre o capital próprio (Decreto nº 8.426/2015, art. 1º, § 2º).

Não integram a base de cálculo as receitas (leis nºs 10.637/2002, art. 5º, e 10.833/2003, art. 6º):

a) decorrentes de saídas isentas da contribuição ou sujeitas à alíquota zero;
b) decorrentes da venda de bens do ativo não circulante;
c) auferidas pela pessoa jurídica revendedora, na revenda de mercadorias em relação às quais a contribuição seja exigida da empresa vendedora, na condição de substituta tributária;
d) de venda de álcool para fins carburantes;
e) vendas canceladas e descontos incondicionais concedidos;
f) reversões de provisões e recuperações de créditos baixados como perda, que não representem ingresso de novas receitas, o resultado positivo da avaliação de investimentos pelo valor do patrimônio líquido e os lucros e dividendos derivados de investimentos avaliados pelo custo de aquisição, que tenham sido computados como receita.

Sobre a base de cálculo apurada incidirá a alíquota de 1,65% para o PIS e 7,6% para a Cofins (leis nºs 10.637/2002 e 10.833/2003, art. 2º).

Há alíquotas especiais para diversos segmentos de negócios, que não estão no escopo de nosso estudo sobre essas exações, tais como: petróleo, farmacêutico, perfumaria, toucador, higiene pessoal, máquinas e veículos, autopeças, pneumáticos e câmaras de ar, querosene de aviação, embalagens destinadas a algumas bebidas, refrigerantes e cervejas, além de papel imune destinado à impressão de periódicos.

Dos créditos

Do valor apurado, a pessoa jurídica poderá descontar créditos calculados em relação a (leis nºˢ 10.637/2002 e 10.833/2003, art. 3º):

a) bens adquiridos para revenda;
b) bens e serviços utilizados como insumo na fabricação de produtos destinados à venda ou à prestação de serviços, inclusive combustíveis e lubrificantes;
c) energia elétrica e energia térmica consumidas nos estabelecimentos da pessoa jurídica;
d) aluguéis de prédios, máquinas e equipamentos, pagos a pessoa jurídica, utilizados nas atividades da empresa;
e) edificações e benfeitorias em imóveis de terceiros, quando o custo, inclusive mão de obra, tenha sido suportado pela locatária;
f) bens recebidos em devolução, cuja receita de venda tenha integrado o faturamento do mês ou de mês anterior;
g) armazenamento de mercadoria e frete na operação de venda, quando o ônus for suportado pelo vendedor;
h) valor das contraprestações de operações de arrendamento mercantil de pessoa jurídica, exceto de optante do Simples Nacional;
i) máquinas e equipamentos e outros bens incorporados ao ativo imobilizado, adquiridos para utilização na produção de bens destinados à venda ou na prestação de serviços.

Não dará direito a crédito o valor de mão de obra paga a pessoa física (leis nºˢ 10.637/2002 e 10.833/2003, art. 3º, § 2º).

Na hipótese de a pessoa jurídica sujeitar-se à incidência não cumulativa das contribuições para o PIS e para a Cofins em relação a parte de suas receitas, o crédito será apurado, exclusivamente, em relação aos custos, despesas e encargos vinculados a essas receitas (Lei nº 10.833/2003, art. 3º, § 7º).

A pessoa jurídica que ingressar no regime da não cumulatividade de apuração das contribuições para o PIS e para a Cofins terá direito a desconto correspondente ao estoque de abertura dos bens adquiridos para revenda e os bens e serviços utilizados como insumo na fabricação de produtos destinados à venda ou à prestação de serviços (Lei nº 10.637/2002, art. 11 e Lei nº 10.833, art. 12).

O montante do crédito presumido será igual ao resultado da aplicação do percentual de 0,65% para o PIS, sobre o valor do estoque de abertura, e de 3% para a Cofins.

O crédito presumido será utilizado em 12 parcelas mensais, iguais e sucessivas.

Esquematicamente, no regime da não cumulatividade, teríamos:

Receitas sujeitas à incidência
(-) Exclusões autorizadas
= Base de cálculo
  PIS = 1,65% × base de cálculo
  Cofins = 7,6% × base de cálculo
(-) Descontos de créditos da não cumulatividade
= Contribuições do PIS e da Cofins devidas

Exemplo numérico do regime não cumulativo do PIS e da Cofins

A Gráfica Zeus é Grego Ltda., tributada pelo lucro real, apresentou em seu balancete no mês de agosto de 2016 uma receita de revenda de mercadorias no valor de R$ 200.000,00 e uma receita de serviços no valor de R$ 100.000,00. O custo das mercadorias vendidas e dos serviços prestados apresentam os seguintes valores:

	R$
Compras de papel	30.000,00
Tintas para impressão	5.000,00
Produtos químicos	5.000,00
Mão de obra	30.000,00
Energia elétrica	10.000,00
Despesas de depreciação	10.000,00

1. Valor dos débitos:

Receita total: R$ 300.000,00

Débito do PIS: R$ 300.000,00 × 1,65% = R$ 4.950,00

Débito da Cofins: R$ 300.000,00 × 7,60% = R$ 22.800,00

2. Valor dos créditos:

	R$
Compras de papel	30.000,00
Tintas para impressão	5.000,00
Produtos químicos	5.000,00
Energia elétrica	10.000,00
Despesa de depreciação	10.000,00
= Base dos créditos	60.000,00
Crédito do PIS =	R$ 990,00 (60.000 × 1,65%)
Crédito da Cofins=	R$ 4.560,00 (60.000 × 7,6%)

3. Apuração (débito – crédito):

PIS = R$ 4.950,00 – R$ 990,00 = R$ 3.960,00

Cofins = R$ 22.800,00 – R$ 4.560,00 = R$ 18.240,00

O imposto sobre serviços de qualquer natureza (ISSQN)

O imposto sobre serviços de qualquer natureza (ISSQN) é de competência municipal e tem suas regras estatuídas em lei complementar e classifica-se no grupo de circulação econômica, com a regra matriz de incidência sobre a prestação de serviços constantes na lista estabelecida na Lei Complementar nº 116/2003, "ainda que esses serviços não se constituam como atividade preponderante do prestador" (art. 1º, *caput*).

Considera-se prestação de serviços a prestação onerosa, por uma pessoa física ou jurídica para outra, de um bem imaterial.

Ressalvadas as exceções expressas na lista anexa à Lei Complementar nº 116/2003, os serviços nela mencionados "não ficam sujeitos ao imposto sobre operações relativas à circulação de mercadorias e prestações de serviços de transporte interestadual e intermunicipal e de comunicação (ICMS), ainda que sua prestação envolva fornecimento de mercadorias" (art. 1º, § 2º).

O ISSQN incide ainda sobre os serviços prestados mediante a utilização de bens e serviços públicos explorados economicamente mediante autorização, permissão ou concessão, com o pagamento de tarifa, preço ou pedágio pelo usuário final do serviço.

Como definido no art. 2º da Lei Complementar nº 116/2003, o *imposto não incide* sobre:

I – as exportações de serviços para o exterior do País;
II – a prestação de serviços em relação de emprego, dos trabalhadores avulsos, dos diretores e membros de conselho consultivo ou de conselho fiscal de sociedades e fundações, bem como dos sócios-gerentes e dos gerentes-delegados;
III – o valor intermediado no mercado de títulos e valores mobiliários, o valor dos depósitos bancários, o principal, juros e acréscimos moratórios relativos a operações de crédito realizadas por instituições financeiras.

> Parágrafo único. Não se enquadram no disposto no inciso I os serviços desenvolvidos no Brasil, cujo resultado aqui se verifique, ainda que o pagamento seja feito por residente no exterior.

Há situações previstas na legislação de regência do ISS (LC nº 116/2003, art. 3º) em que o tomador deve efetuar a retenção e o recolhimento do imposto no local em que o serviço for efetivamente prestado.

Base de cálculo do ISSQN

A base de cálculo do ISSQN é o preço do serviço (LC nº 116/2003, art. 7º) sem nenhuma dedução, nem mesmo do próprio valor do imposto. Assim, quando o prestador do serviço emite uma nota fiscal, o imposto já está embutido no preço. Nesse sentido, assim como o ICMS, o PIS e a Cofins, o ISS é calculado por dentro, ou seja, já está incluído em sua própria base.

A regra geral é que o contribuinte seja o prestador do serviço (LC nº 116/2003, art. 5º). Contudo, os municípios e o Distrito Federal

> poderão atribuir de modo expresso a responsabilidade pelo crédito tributário a terceira pessoa, vinculada ao fato gerador da respectiva obrigação, excluindo a responsabilidade do contribuinte ou atribuindo-a a este em caráter supletivo do cumprimento total ou parcial da referida obrigação, inclusive no que se refere à multa e aos acréscimos legais [LC nº 116/2003, art. 6º].

A Lei Complementar nº 116/2003 trouxe uma inovação ao determinar a tributação no local da prestação efetiva dos serviços, nos casos previstos no referido ato legal. Nesses casos, o ISSQN será devido no local onde o serviço foi prestado.

Como incluir os tributos no preço de venda

O faturamento, ou receita bruta, é o valor cobrado na comercialização de produtos e mercadorias ou na prestação de serviços. Dele fazem parte os denominados impostos indiretos, pois são incluídos no valor da nota fiscal fatura fornecida ao adquirente ou ao consumidor de mercadorias ou serviços. Nesse caso, podemos concluir que o ônus tributário é suportado pelo consumidor final das mercadorias ou serviços numa determinada cadeia produtiva.

Os impostos indiretos mais conhecidos e imprescindíveis na formação do preço de venda são o IPI, ICMS e ISSQN. Além dessas três espécies tributárias com competências distintas, como vimos neste capítulo, incide, ainda, sobre a receita bruta das pessoas jurídicas de direito privado, a Cofins e o PIS (LC nº 70/1991 e 7/1970). Ambas as contribuições sociais são de competência da União, e os recursos de suas arrecadações são aplicados no custeio de atividades sociais.

Os impostos indiretos nas diversas cadeias produtivas podem, ou não, ser cumulativos, isto é, a incidência ocorre, ou não, em cascata, e essa determinação compete à CF/1988 quando prevê, para a apuração de alguns deles – por exemplo, o IPI, em seu art. 153, § 3º, II, e o ICMS, em seu art. 155, § 2º, I –, a possibilidade de compensar o que for cobrado em cada operação ou prestação com o montante pago nas anteriores. Esses impostos são, pois, regidos pelo princípio da não cumulatividade e sua aplicação prática será explicada ainda neste capítulo.

Incidência em cascata ocorre quando os tributos são cobrados de maneira cumulativa, ou seja, incidem sobre o preço de venda em todas as fases de fabricação e comercialização de um produto ao longo da cadeia produtiva, aumentando significativamente os custos do produto final, visto que não é permitido compensar o que foi pago em etapas anteriores.

As contribuições do PIS e da Cofins passaram a ser regidas pela não cumulatividade, conforme leis nºs 10.637/2002 e 10.833/2003. Entretanto, algumas atividades e setores da economia permaneceram sujeitos às regras anteriores, conforme definiu a lei instituidora. Por esse motivo, uma mesma empresa pode encontrar-se sujeita a apurar e a ter de controlar a incidência prevista para esses tributos em duas ou até em três modalidades, o que acarreta custos adicionais para apuração e controle desses tributos.

A sistemática de apuração dos tributos define se os mesmos são recuperáveis e, sendo o caso, aqueles pagos na aquisição de materiais e serviços não comporão o custo dos produtos, mercadorias e serviços, devendo ser registrados contabilmente como créditos e em contas próprias passíveis de compensação com os tributos devidos na saída dos produtos tributados. Por outro lado, os tributos considerados cumulativos são incluídos no custo dos produtos, mercadorias e serviços em cada etapa da cadeia produtiva, incidindo em cascata e onerando o preço de venda final ao consumidor.

Os quadros demonstrativos 6 e 7 procuram resumir os tributos indiretos incidentes em um estabelecimento industrial ou equiparado a industrial e em um estabelecimento comercial:

Quadro 6

Estabelecimento: industrial ou equiparado a industrial

Tributo	Cumulativo (custo)	Não cumulativo (crédito)
ICMS		X
IPI		X
PIS, Cofins (optante pelo lucro presumido)	X	
PIS, Cofins (optante pelo lucro real)		X

Quadro 7

Estabelecimento: comercial

Tributo	Cumulativo (custo)	Não cumulativo (crédito)
ICMS		X
IPI	X	
PIS, Cofins (optante pelo lucro presumido)	X	
PIS, Cofins (optante pelo lucro real)		X

Exclusão do ICMS da base de cálculo do PIS e da Cofins – Recurso Extraordinário (RE) nº 574.706

O STF decidiu, em 15 de março de 2017, por seis votos a favor e quatro contra, que o ICMS não compõe a base de cálculo para incidência do PIS e da Cofins.

Após o julgamento, a Procuradoria Geral da Fazenda Nacional (PGFN) recorreu ao STF para pleitear a "modulação" dos efeitos da decisão a partir de 2018 e não retroativamente.

Os contribuintes alegaram basicamente que o ICMS não faz parte do faturamento ou receita de uma companhia e que o cálculo do PIS e da Cofins deve ser unicamente sobre o faturamento; portanto, não se deve incluir o ICMS para cálculo dessas contribuições. A PGFN defendeu a tese de que a ação distorcia os conceitos de faturamento e receita bruta definidos pela Constituição.

Logo após a decisão do STF, a área econômica do governo tenciona, o mais breve possível, a criação da contribuição social sobre o faturamento e a extinção do PIS e da Cofins. Tal proposta vem sendo estudada pela Receita Federal desde 2012. Assim, não será nenhuma surpresa se ainda no decorrer do ano de 2017, o governo encaminhar medida provisória ao Congresso propondo a criação dessa nova contribuição, ajustando as alíquotas para evitar perda de arrecadação, em virtude da decisão da Suprema Corte.

Os cálculos efetuados a seguir, considerando a formação de preço de venda, levarão em conta a decisão do STF.

Exemplo de tributos indiretos na formação do preço de venda

A gerência comercial de uma indústria de artefatos de látex necessita do preço final de venda do produto Supertex, para começar sua divulgação, fazer contatos com revendedores e, se necessário, estudos para tornar o preço mais competitivo no mercado.

A princípio, as operações serão direcionadas diretamente a contribuintes do ICMS e estes destinatários (atacadistas) deverão revender os produtos adquiridos a comerciantes varejistas.

A empresa adquiriu matéria-prima com incidência do IPI, com alíquota de 5% e alíquota do ICMS de 18%. Além da aquisição de matéria-prima, a empresa incorre em gastos gerais de fabricação, despesas gerais e uma margem de lucro estimada, conforme informações abaixo.

Considerando essas informações, de forma a atender à solicitação dessa gerência, calcule o preço de venda dos mencionados produtos, cujos preços (fábrica) estão sem a incidência do PIS, Cofins, ICMS e IPI, sendo que as alíquotas destes últimos são respectivamente 18% e 10% nas saídas dos produtos fabricados.

Supertex	
Matéria-prima	735,00
Mão de obra	300,00
Gastos gerais de fabricação	200,00
Despesas gerais	360,00
Margem de lucro	240,00

Resolução

Apresentamos, a seguir, a determinação do preço de venda do produto Supertex, considerando a margem de lucro determinada pela administração da empresa, bem assim a incidência dos impostos indiretos e sua influência no cálculo do preço de venda.

PRODUTO: SUPERTEX

No estabelecimento industrial ou equiparado a industrial, por ocasião da aquisição de matéria-prima, produto intermediário e material de embalagem, a questão central é determinar o custo de aquisição. Estudamos, no capítulo 1, que o IPI e o ICMS são tributos não cumulativos e, portanto, não serão partes integrantes do custo de produção, mas serão escriturados no livro registro de entradas, gerando créditos dos respectivos impostos, e na contabilidade (conta de ativo circulante de impostos a recuperar). Em relação ao PIS e à Cofins, sua incidência dependerá do regime de tributação (imposto de renda) adotado pela empresa. Caso opte pelo lucro presumido, essas exações farão parte do custo de produção, por se tratar do regime da cumulatividade. No entanto, se optar pelo lucro real, essas contribuições serão recuperáveis e também irão gerar créditos.

Com base no enunciado e nas características dos tributos, vamos determinar o custo de aquisição da matéria-prima adquirida.

O valor total da nota fiscal de aquisição da matéria-prima é de R$ 735,00. Como estudado neste capítulo, o IPI é calculado por fora, enquanto o ICMS, PIS e Cofins são calculados por dentro (compõem a própria base), ou seja, estes últimos compõem o valor da operação. O valor total da nota fiscal corresponderá ao valor da operação mais o valor do IPI. Assim, teremos:

Custo de aquisição da matéria-prima:

735,00 >>> 105%

X >>> 100%

X corresponderá à base de cálculo do ICMS, PIS e Cofins. Assim, o valor da operação (100%) corresponderá a R$ 700,00.

Aplicando-se as alíquotas, teremos:

IPI (700,00 × 5%) = 35,00

ICMS (700,00 × 18%) = 126,00
PIS, Cofins (cumulativo) = 700,00 × 3,65% = 25,55
PIS, Cofins (não cumulativo) = 700,00 × 9,25% = 64,75
Custo da matéria-prima (presumido) = 700,00 – 126,00 = 574,00
Custo da matéria-prima (real) = 700,00 – (126,00 + 64,75) = 509,25

Determinação do preço de venda

Na determinação do preço de venda, conforme quadro 8, incidirão os tributos (IPI, ICMS, PIS e Cofins) com as alíquotas informadas no enunciado, apresentando-se, em seguida, a formação dos preços de venda nos dois regimes de apuração do imposto de renda (presumido e real).

Quadro 8

Determinação do preço de venda

	Presumido	Real
Custo da matéria-prima	574,00	509,25
Gastos gerais	200,00	200,00
Mão de obra	300,00	300,00
Despesas gerais	360,00	360,00
Margem de lucro	240,00	240,00
Base de cálculo do ICMS, PIS e Cofins	**1.674,00**	**1.609,25**
ICMS (18%)	367,46	353,25
PIS, Cofins	63,42	164,03
Base de cálculo do IPI	2.104,88	2.126,53
IPI	210,49	212,65
Preço de venda	**2.315,37**	**2.339,18**

O ICMS, o PIS e a Cofins são tributos que integram sua própria base de cálculo (imposto calculado por dentro). Assim, no preço de compra ou de venda já estão embutidos os valores desses tributos destacados.

Na determinação do preço de venda (quadro 8), a receita líquida na opção pelo lucro presumido é de R$ 1.674,00. Para determinação da base de cálculo do ICMS, esse valor não corresponde a 100%, mas a 82% (100% – alíquota do ICMS). Na determinação da base de cálculo do PIS e da Cofins esse valor de receita líquida também não corresponde a 100%, mas 100% menos alíquotas do PIS e da Cofins. Assim, teremos:

a) determinação da base de cálculo do ICMS:
   1.674,00>>>>> 82%
   X <<<<<<<<<<100%, onde X = base de cálculo do ICMS = 2.041,46
b) valor devido do ICMS: 2.041,46 × 18% = 367,46
c) determinação da base de cálculo do PIS e da Cofins:
   1.674,00 >>>> 96,35%
   X <<<<<<<<<<<100,00%, onde X = base de cálculo do PIS e da Cofins = 1.737,42
d) valor devido do PIS e da Cofins: 1.737,42 × 3,65% = 63,42

A base de cálculo do IPI é de R$ 2.104,88 (1.674,00 + 367,46 + 63,42). O valor devido do IPI não integrou sua própria base de cálculo porque representa um imposto calculado "por fora" do preço de venda e cobrado separadamente deste valor. O valor devido do IPI corresponde à base de cálculo × alíquota do produto. Assim, teremos:

Valor devido do IPI = 2.104,88 × 10% = 210,49

Na opção pelo lucro real, a receita líquida, constante do quadro 8, é de R$ 1.609,25. As premissas e os cálculos são os mesmos na determinação da base de cálculo do ICMS. Em relação à base de cálculo do PIS e da Cofins, as alíquotas são 1,65% e 7,6%, respectivamente, totalizando 9,25%. Assim, teremos

a) determinação da base de cálculo do ICMS
1.609,25 >>>>> 82%
X <<<<<<< 100,00%, onde X = base de cálculo do ICMS = 1.962,50
b) valor devido do ICMS: 1.962,50 × 18% = 353,25
c) determinação da base de cálculo do PIS e da Cofins:
1.609,25 >>>>>> 90,75
X <<<<<<<< 100,00%, onde X = base de cálculo do PIS e da Cofins = 1.773,28
d) valor devido do PIS e da Cofins: 1.773,28 × 9,25% = 164,03

A base de cálculo do IPI é de R$ 2.126,53 (1.609,25 + 353,25 + 164,03). O IPI não integrou esse valor porque representa um imposto calculado "por fora" do preço de venda e cobrado separadamente. O valor devido do IPI corresponde à base de cálculo × alíquota do produto. Assim, teremos:

Valor devido do IPI = 2.126,53 × 10% = 212,65.

Apuração dos impostos

Quando o estabelecimento industrial promover a saída de seus produtos, a nota fiscal será registrada no livro de registro de saídas.

Assim, os tributos devidos serão computados pelo confronto dos créditos com os débitos, mediante apuração na escrituração fiscal digital, conforme quadro 9.

A demonstração de resultado do exercício (DRE) evidencia o resultado (lucro ou prejuízo) de uma empresa em determinado intervalo de tempo. Trata-se de um demonstrativo contábil relevante. É o que mais tem despertado o interesse do investidor. As informações apresentadas são consolidadas no quadro 10, contendo a demonstração do resultado das operações realizadas, nos termos do relatório contábil alinhado com as normas constantes do CPC nº 26.

Quadro 9

Apuração dos impostos nos livros fiscais

	Presumido			Real		
	IPI	ICMS	PIS/Cofins	IPI	ICMS	PIS/Cofins
Crédito	35,00	126,00	—	35,00	126,00	64,75
Débito	-210,49	-367,46	-63,42	-212,65	-353,25	164,03
Apuração	-175,49	-241,46	-63,42	-177,65	-227,25	-92,28

Quadro 10

Demonstração de resultado do exercício

	Presumido	Real
Faturamento bruto	2.315,37	2.339,18
(-) IPI	210,49	212,65
Receita bruta	2.104,88	2.126,53
(-) ICMS	367,46	353,25
(-) PIS, Cofins	63,42	164,03
Receita líquida	1.674,00	1.609,25
Custo dos produtos vendidos	1.074,00	1.009,25
Lucro bruto	600,00	600,00
Despesas gerais	360,00	360,00
Lucro antes do IR e da CSLL	**240,00**	**240,00**

Conclusões

Do estudo de caso proposto, poderemos inferir as seguintes conclusões.

- A não cumulatividade evita a incidência em cascata, na medida em que possibilita compensar na saída os valores pagos nas etapas anteriores da cadeia produtiva, pela sistemática de apuração de créditos e débitos.

- Quando o produto se destina a estabelecimento industrial, equiparado a industrial ou comercial, o ICMS, o PIS e a Cofins são calculados por dentro, ou seja, fazem parte de sua própria base de cálculo. A inobservância dessa regra impede que se alcance a lucratividade desejada.
- Os tributos indiretos são embutidos no preço de venda e seu ônus é repassado ao consumidor final.
- A opção pelo lucro presumido indica a opção ligeiramente mais vantajosa, haja vista que é possível determinar um preço de venda mais competitivo e a mesma lucratividade.
- A diferença de preços entre os dois regimes de apuração do IRPJ é explicada pelas diferenças dos impostos indiretos.

Considerações finais

Demonstramos, no decorrer deste capítulo, que praticamente toda a carga tributária incidente sobre o faturamento é repassada pelos empresários aos denominados "contribuintes de fato" (consumidor final) em razão da sistemática de apuração e recolhimento dos tributos.

Apesar disso, nossos empresários tentam, ao máximo, reduzir a altíssima carga tributária incidente sobre seus negócios quando do exercício dos atos de gestão empresarial, porque é relevante ganhar competitividade no mercado por meio da redução dos custos com um melhor aproveitamento das incidências tributárias e dos possíveis créditos fiscais, sem que isso coloque em risco o negócio empresarial, pois muitos são os caminhos lícitos para se economizar tributos.

Conclusão

Caro leitor, o Estado necessita de recursos de forma a cumprir suas funções econômicas, sociais e políticas, atuando em favor da sociedade, respeitando a capacidade contributiva de cada agente econômico, visando alcançar o bem-estar dos grupos sociais.

A questão tributária é de fundamental relevância para a empresa, tendo reflexo direto em seu fluxo de caixa. As decisões tomadas pelos gestores têm implicações na determinação do preço de venda, na margem de lucro ou no repasse, via preços, para o consumidor final, reduzindo a competitividade da empresa, o que traz consequências prejudiciais ao desempenho econômico-financeiro, podendo, até mesmo, colocar em risco a continuidade das operações.

Contudo, antes de desenvolver qualquer estratégia com intuito de reduzir essa carga tributária, seja operacional, societária ou até mesmo judicial, é imprescindível manter uma eficaz gestão dos tributos, começando por conhecer todos os aspectos inerentes à eficiente apuração, ao controle e ao respectivo recolhimento, cumprindo, portanto, adequadamente, as obrigações tributárias acessórias e computando, de maneira correta, os tributos nos preços de venda de produtos e serviços a serem colocados no mercado.

Referências

ABRAHAM, Marcus. *O planejamento tributário e o direito privado*. São Paulo: Quartier Latin, 2007.

AMARO, Luciano. *Direito tributário brasileiro*. São Paulo: Saraiva, 1997.

ANDRADE FILHO, Edmar Oliveira. *Imposto de renda das empresas*. 12. ed. São Paulo: Atlas, 2012.

BORBA. Cláudio. *ICMS & legislação fiscal/RJ*. Rio de Janeiro: Impetus, 2003.

______. *ICMS*: legislação aplicável a todos os estados e ao Distrito Federal. 2. ed. Rio de Janeiro: Elsevier, 2006.

BORGES, Humberto Bonavides. *Planejamento tributário – IPI, ICMS, ISS e IR*: economia de impostos, racionalização de procedimentos fiscais, relevantes questões tributárias, controvertidas questões tributárias, complexas questões tributárias, questões avançadas no universo da governança tributária. 9. ed. São Paulo: Atlas, 2006 [2003].

CASTRO, Flávia. *Interpretação constitucional e prestação jurisdicional*. Rio de Janeiro: Lumen Juris, 2000.

GANDELLI, Anna Emília. *Cadernos de pesquisas tributárias*. São Paulo: Saraiva, 2004. v. 6.

GASPAR. Walter. *ICMS comentado*. Rio de Janeiro: Lumen Juris, 1998.

GRECO, Marco Aurélio. *Planejamento tributário*. São Paulo: Dialética, 2004.

HENDRIKSEN, S. Eldon; BREDA, F. Van. *Teoria da contabilidade*. São Paulo: Atlas, 1999.

LATORRACA, Nilton. *Direito tributário*: imposto de renda das empresas. São Paulo: Atlas, 1998.

MACHADO, Hugo de Brito. *Curso de direito tributário*. 24. ed. São Paulo: Malheiros, 2004.

MACIEL, Pedro Jucá. ICMS: um retrato da economia brasileira em 2015. *Blog de Finanças Públicas e Economia*, [S.l.], 2016. Disponível em: <http://pedrojucamaciel.com/icms-um-retrato-da--economia-brasileira-em-2015-folha-de-sao-paulo-1712016/>. Acesso em: 10 ago. 2016.

PAULSEN, Leandro. *Direito tributário*: Constituição e Código Tributário. 17. ed. Porto Alegre: Livraria do Advogado, 2015.

PÊGAS, Paulo Henrique. *Manual de contabilidade tributária*. 8. ed. Rio de Janeiro: Freitas Bastos, 2014.

ROSA, José Roberto. *Curso básico de ICMS*. São Paulo: Ottoni, 2012.

SOUSA FILHO, Rodolfo de Castro. *Legislação do IPI*. Brasília: Vestcon, 1996.

______ et al. *Gestão e planejamento de tributos*. 2. ed. Rio de Janeiro: Ed. FGV, 2011.

TROIANELLI, Gabriel. O parágrafo único do artigo 116 do Código Tributário Nacional como limitador do poder de tributar. In: ROCHA, Valdir de Oliveira. *O planejamento tributário e a Lei Complementar nº 104*. São Paulo: Dialética, 2001.

WINCKLER, Noé. *Imposto de renda*. Rio de Janeiro: Forense, 1997.

Bibliografia legislativa complementar

ACÓRDÃO nº 2000.71.08.000131-6/RS TRF-4, Segunda Turma.

ATO Declaratório Interpretativo (ADI) nº 18/2001.

CIRCULARES do Banco Central do Brasil (circulares Bacen) nº 3.017/2000 e nº 3.260/2004.

CÓDIGO Tributário Nacional (CTN). Lei nº 5.172/1966.

CONSTITUIÇÃO Federal/1988.

DECRETO nº 3.000/1999 (Ripi 1999).

DECRETO nº 7.212/2010 (Ripi 2010).

DECRETO nº 7.660/2011 (Tipi).

DECRETO nº 8.426/2015.

DECRETO-LEI nº 1.598/1976.

EMENDA Constitucional nº 42/2003.

INSTRUÇÕES Normativas SRF nº 41/1998, nº 257/2002, nº 1.353/2013, nº 1.515/2014.

LEI das Sociedades Anônimas (Lei das S/A). Lei nº 6.404/76, com as alterações da Lei nº 12.973/2014.

LEIS nº 4.502/1964, nº 5.172/1966, nº 6.404/1976, nº 8.981/1995, nº 9.249/1995, nº 9.430/1996, nº 9.718/1998, nº 9.964/2000, nº 9.718/2002, nº 10.637/2002, nº 10.684/2003, nº 10.833/2003, nº 10865/2004, nº 11.941/2009, nº 12.814/2013, nº 12.973/2014, nº 13.259/2016.

LEIS complementares nº 70/1971, nº 87/1996, nº 92/1997, nº 99/1999, nº 102/2000, nº 104/2002, nº 116/2003, nº 123/2006, nº 127/2007, nº 139/2011, nº 147/2014.

NOVO Código Civil (NCC). Lei nº 10.406/02.

PRONUNCIAMENTO nº 26, do Comitê de Pronunciamentos Contábeis.

PRONUNCIAMENTO nº 30, do Comitê de Pronunciamentos Contábeis.

Apêndice A – Simples ou presumido?

GRÁFICAS SERRANO E PORTELA (SIMPLES NACIONAL)

Gráfica Serrano				
Mês	Receita bruta nos últimos 12 meses	Receita bruta no mês de apuração	Alíquota % (anexo II)	Valor devido
Jan.	1.080.000,	90.000,00	8,78	7.902,00
Fev.	1.080.000,	90.000,00	8,78	7.902,00
Mar.	1.080.000,	90.000,00	8,78	7.902,00
Abr.	1.080.000,	90.000,00	8,78	7.902,00
Maio	1.080.000,	90.000,00	8,78	7.902,00
Jun.	1.080.000,	90.000,00	8,78	7.902,00
Jul.	1.080.000,	90.000,00	8,78	7.902,00
Ago.	1.080.000,	90.000,00	8,78	7.902,00
Set.	1.080.000,	90.000,00	8,78	7.902,00
Out.	1.080.000,	90.000,00	8,78	7.902,00
Nov.	1.080.000,	90.000,00	8,78	7.902,00
Dez.	1.080.000,	90.000,00	8,78	7.902,00
Total				**94.824,00**

Gráfica Portela				
Mês	Receita bruta nos últimos 12 meses	Receita bruta no mês de apuração	Alíquota % (anexo II)	Valor devido
Jan.	2.160.000,	180.000,00	10,54	18.972,00
Fev.	2.160.000,	180.000,00	10,54	18.972,00
Mar.	2.160.000,	180.000,00	10,54	18.972,00
Abr.	2.160.000,	180.000,00	10,54	18.972,00
Maio	2.160.000,	180.000,00	10,54	18.972,00
Jun.	2.160.000,	180.000,00	10,54	18.972,00
Jul.	2.160.000,	180.000,00	10,54	18.972,00
Ago.	2.160.000,	180.000,00	10,54	18.972,00
Set.	2.160.000,	180.000,00	10,54	18.972,00
Out.	2.160.000,	180.000,00	10,54	18.972,00
Nov.	2.160.000,	180.000,00	10,54	18.972,00
Dez.	2.160.000,	180.000,00	10,54	18.972,00
Total				**227.664,00**

	Gráfica Serrano – Lucro presumido							
	IRPJ				CSLL			
Período de apuração	Receita bruta	% de presunção	Base de cálculo	Valor devido	Receita bruta	% de presunção	Base de cálculo	Valor devido
1º trim.	270.000,00	8%	21.600,00	3.240,00	270.000,00	12%	32.400,00	2.916,00
2º trim.	270.000,00	8%	21.600,00	3.240,00	270.000,00	12%	32.400,00	2.916,00
3º trim.	270.000,00	8%	21.600,00	3.240,00	270.000,00	12%	32.400,00	2.916,00
4º trim.	270.000,00	8%	21.600,00	3.240,00	270.000,00	12%	32.400,00	2.916,00
	Subtotal			**12.960,00**	**Subtotal**			**11.664,00**

	Gráfica Portela – Lucro presumido							
	IRPJ				CSLL			
Período de apuração	Receita bruta	% de presunção	Base de cálculo	Valor devido	Receita bruta	% de presunção	Base de cálculo	Valor devido
1º trim.	540.000,00	8%	43.200,00	6.480,00	540.000,00	12%	64.800,00	5.832,00
2º trim.	540.000,00	8%	43.200,00	6.480,00	540.000,00	12%	64.800,00	5.832,00
3º trim.	540.000,00	8%	43.200,00	6.480,00	540.000,00	12%	64.800,00	5.832,00
4º trim.	540.000,00	8%	43.200,00	6.480,00	540.000,00	12%	64.800,00	5.832,00
	Subtotal			**25.920,00**	**Subtotal**			**23.328,00**

Apêndice B – Lista de abreviaturas

AGE	Assembleia geral extraordinária
ADI	Ação declaratória de inconstitucionalidade
BACEN	Banco Central do Brasil
CC	Conselho de Contribuintes
CF/1988	Constituição Federal de 1988
Cide	Contribuição sobre intervenção no domínio econômico
CNPJ	Cadastro nacional da pessoa jurídica
Cofins	Contribuição sobre financiamento da seguridade social
CPC	Comitê de pronunciamentos contábeis
CSRF	Conselho Superior de Recursos Fiscais
CSLL	Contribuição social sobre o lucro líquido
CTN	Código Tributário Nacional
CVM	Comissão de Valores Mobiliários
DF	Distrito Federal
DIPJ	Declaração de informações econômico-fiscais da pessoa jurídica
DIRF	Declaração do imposto de renda retido na fonte
DNRC	Departamento Nacional de Registro de Comércio
DRJ	Delegacia da Receita Federal de Julgamento
EC	Emenda constitucional

EQP	Equivalência patrimonial
FGTS	Fundo de garantia do tempo de serviço
ICMS	Imposto sobre circulação de mercadorias e serviços
IE	Imposto sobre exportação
II	Imposto sobre importação
IN	Instrução Normativa
IN SRF	Instrução normativa da Secretaria da Receita Federal
INSS	Instituto Nacional de Seguridade Social
IOF	Imposto sobre operações financeiras, crédito, câmbio e seguro
IPI	Imposto sobre produtos industrializados
IPTU	Imposto sobre propriedade territorial urbana
IPVA	Imposto sobre propriedade de veículo automotor
IR	Imposto de renda
IRPF	Imposto de renda da pessoa física
IRPJ	Imposto de renda da pessoa jurídica
ISS	Imposto sobre serviços
ITCMD	Imposto sobre transmissão *causa mortis* e doações de bens
ITBI	Imposto sobre transmissão de bens imóveis
ITR	Imposto territorial rural
JCP	Juros sobre capital próprio
LAIR	Lucro antes do imposto de renda
Lalur	Livro de apuração do lucro real
LC	Lei complementar
MEP	Método da equivalência patrimonial
NCC	Novo Código Civil
OCB	Organização das Cooperativas Brasileiras
Pasep	Programa de Formação do Patrimônio do Servidor Público
PIB	Produto interno bruto
PIS	Programa de integração social

Refis	Programa de Recuperação Fiscal
RIR	Regulamento do Imposto de Renda
ROB	Receita bruta
Sebrae	Serviço Brasileiro de Apoio às Micro e Pequenas Empresas
Senac	Serviço Nacional de Aprendizagem do Comércio
Senai	Serviço Nacional de Aprendizagem Industrial
Sesc	Serviço Social do Comércio
Sesi	Serviço Social da Indústria
STF	Supremo Tribunal Federal
STJ	Superior Tribunal de Justiça
TEC	Tarifa Externa Comum
TIPI	Tabela de incidência do IPI
TJLP	Taxa de juros de longo prazo
UF	Unidade federativa

Autores

Rodolfo de Castro Sousa Filho

Mestre em ciências contábeis pela Universidade do Estado do Rio de Janeiro (Uerj), pós-graduado em contabilidade pela Fundação Getulio Vargas (FGV) e graduado em economia pela Universidade Federal Fluminense (UFF). É auditor fiscal aposentado da Receita Federal do Brasil e professor convidado do FGV Management, da Universidade de São Paulo (USP) e da Escola de Administração Fazendária do Ministério da Fazenda (Esaf). É palestrante na área tributária, autor de livros e artigos publicados na imprensa especializada. Foi vencedor do prêmio Noé Winckler em 2013. É colaborador perene e voluntário eventual do projeto social Estrelas do Amanhã, que tem por objetivo manter projeto socioeducativo no Morro do Querosene (RJ), onde cerca de 90 crianças aprendem o que é ser criança, com seus direitos de desenvolvimento garantido.

Paulo Sérgio Machado

Mestre em ciências contábeis pela Universidade do Estado do Rio de Janeiro (Uerj). É contador, tributarista e administrador de empresas, possuindo mais de 40 anos de experiência em importantes empresas nacionais e internacionais de auditoria. É professor convidado dos programas dos cursos de MBA da Fundação Getulio Vargas (FGV) nas disciplinas: planejamento tributário, contabilidade financeira e contabilidade avançada. É membro independente da BKR International, uma associação líder mundial de auditores independentes e consultores de negócios.

Este livro foi impresso nas oficinas gráficas da Editora Vozes Ltda.,
Rua Frei Luís, 100 – Petrópolis, RJ.